父母是孩子一生的**心理老师**系列丛书

为什么总是无缘由地**发脾气**？

为什么总是对自己感到**不满意**？

为什么总是想得多、**做得少**？

陪孩子走过 小学六年

——送给亲爱的小学生

李澍晔　刘燕华　李美晔◎著

与快乐心态的**密码**就在这本书里！

与智慧的**钥匙**就在阅读的过程中！

内蒙古人民出版社

图书在版编目（CIP）数据

陪孩子走过小学六年 ：送给亲爱的小学生 / 李澍晔，刘燕华，李美晔著. -- 呼和浩特 ：内蒙古人民出版社，2018.8

（父母是孩子一生的心理老师）

ISBN 978-7-204-15559-0

Ⅰ. ①陪… Ⅱ. ①李… ②刘… ③李… Ⅲ. ①小学生－家庭教育 Ⅳ. ①G782

中国版本图书馆 CIP 数据核字（2018）第 168669 号

陪孩子走过小学六年——送给亲爱的小学生

作　　者	李澍晔　刘燕华　李美晔
责任编辑	贾睿茹
封面设计	晴晨时代
出版发行	内蒙古人民出版社
地　　址	呼和浩特市新城区中山东路 8 号波士名人国际 B 座 5 层
网　　址	http://www.impph.cn
印　　刷	三河市海新印务有限公司
开　　本	710×1000　1/16
印　　张	11
字　　数	200 千
版　　次	2018 年 8 月第 1 版
印　　次	2018 年 8 月第 1 次印刷
书　　号	ISBN 978-7-204-15559-0
定　　价	29.80 元

如发现印装质量问题，请与我社联系。联系电话：（0471）3946120　3946173

前　言

随着当今社会生活节奏的加快，对于广大小学生来说，来自学习、生活、家庭、社会的压力不断增加。小学生们大多是独生子女，由于他们特殊的生活环境，心理问题逐渐突显。小学生们存在的心理问题，如果从现在开始不引起家长、学生、学校和社会的普遍重视，那么将会造成严重的后果。

我们认为小学生们存在的心理问题，原因是多方面的，但归结起来主要有以下几个方面：

单纯性。小学生们想问题比较简单，通常只考虑事情的一方面，不会考虑事情的另一面，更没有逻辑上的推理；由于心理不成熟，思考问题简单，对事情的全局很难用联系的观点来考量。

固执性。小学生们对自我的评价过高，总认为自己大了，想法完全正确，强烈的自尊心，使其不能接受批评；常以自我为中心，不计后果地做事，以达到自己目的。

报复性。萌发报复性心理的小学生不占少数，在他们的潜意识里，会有暴力和恐怖的念头。

脆弱性。有些小学生欲望一旦没有达到，心理承受能力几乎是零，甚至会产生“自杀”的想法。

逆反性。随着小学生们自立能力的不断提高，眼界范围不断扩大，认知领域的拓宽，他们的自我意识会迅速萌发，内心要求独立自主，不愿意屈从于人。这些心理变化会在成长的过程中逐渐强烈地表现出来。

逃避性。由于小学们的心理不成熟，他们一旦犯了错误，害怕的心理产生后，较易选择逃避，于是就会出现撒谎、推卸责任、离家出走等现象。

多疑性。小学生们对自己缺乏正确的认识，致使主观想法与客观实际不一致，有时会引发严重的不良后果。

事实上，小学生的心理问题已经成为阻碍个人与家庭幸福的严重问题，家长、老师和全社会的人都应该关心小学生的心理成长，掌握他们的心理特点，进行正确引导，让每一个孩子成长为适应社会、适应未来，勇于面对一切困难的人。

目　录

焦虑心理

攀比心理

离家出走心理

迷恋网络

厌学心理

自卑心理

冷漠与敏感心理

“小喇叭”与懒惰心理

畏难心理

忌妒心理

1. 不能容忍好朋友与其他同学在一起讲话

情景再现

兰兰今年11岁，上小学五年级。她的爸爸、妈妈都是外企的高级管理人员。从小，妈妈就给兰兰灌输“争第一”“当干部”“我是老大”“指挥别人”“当女英雄”“坚决不吃亏”的思想。

小时候，她的零食多，在小区里一起长大的孩子们，只要在一起玩耍，必须要听她的指挥，否则就得不到她“赏赐”的好吃的零食，会遭到她的冷落。兰兰在班里也是如此，如果有同学不听她的话，不簇拥着她，就会被她孤立（下课后，好吃的零食不分给不听她话的同学）。随着年龄的增长，同学们各自有了思想，也不那么稀罕她的零食了。同学们不以兰兰为中心了，这让她心里感到很不舒服。

一天，在学校的走廊里，与兰兰要好的几个女同学在一起小声地说家庭作业的事情。她从教室出来看到这样的场景后，气得几天没和同学们说话，回家也是闷闷不乐，听课时也是一脸严肃。同学叫她出去玩，她也不理睬。

一天，在放学的路上，兰兰恰好又看到这几个同学在一起说话，认为别人在孤立她。忍无可忍的兰兰冲过去指责同学不讲情面、刻意孤立她等等。同学们感到莫名其妙，气愤地与兰兰理论起来。同学们指责兰兰小肚鸡肠、心胸狭隘。兰兰号啕大哭，跑回了家。从此，兰兰更加沉默了。

妈妈发现兰兰的情况不太正常，问她有什么心事，遇到了什么困难。兰兰不说话，也不吃饭。妈妈担心发生意外，第二天带兰兰去找学校的心理专家寻求帮助。

心理导航

心理专家首先给兰兰播放了一个幽默的动画片，三十分钟后，兰兰的脸上有了笑容。接着，心理专家与兰兰交谈起来，她哭着把心中的话讲了出来。兰兰最近心里很难受，看什么也不顺眼，无法接受过去的好朋友与其他同学在一起说话和学习。兰兰每逢遇到这样的场景，心里感觉非常压抑。有时，兰兰还误认为同学们是在背后议论自己，这让兰兰心里很不舒服。

心理专家认为：兰兰是因为忌妒心理的存在，所以不能接受好朋友与其他同学交往，导致心理异常。兰兰的情况需要我们及时对其进行疏导，否则会产生心理疾病。

血的教训，警钟长鸣

心理专家给兰兰讲了一个故事。一个12岁的女生，名叫绢子，学习成绩非常好，因为一次考试没有考好（排名落到了第二名），忌妒之心难以控制，所以给成绩为第一名的女同学写恐吓信，威胁她不要考第一。收到恐吓信的女同学没有理会她，依旧在第二次考试中得了第一名。这下绢子的忌妒之心变成了恼恨，她以散步为借口，把女同学拉到僻静之处，用利器伤害了女同学，造成女同学重伤。事后，绢子受到了法律的制裁，流下了悔恨的泪水，可为时已晚。绢子的动机很简单，就是忌妒女同学的考试成绩。

忌妒心理的危害很严重，能让人的心灵发生扭曲，是让人走向极端的催化剂，如果发展到严重的地步，会导致性格发生异常变化，产生无法挽回的严重后果。小学生务必要加强学习，提高自己的思想道德修养，学会客观、公正地看问题，友善地对待自己的同学。

改变妈妈的教育理念

心理专家与兰兰的妈妈认真探讨了关于如何教育孩子的问题，并将现代教育与传统教育做了比较。心理专家希望兰兰的妈妈尊重兰兰，在相互理解的基础上，与兰兰敞开心扉地交流。

此时，兰兰的妈妈突然醒悟，深刻地认识到自己在教育兰兰时存在的问题：缺少与孩子的沟通，没有理解孩子，更没有给孩子灌输正确的做人的道理。这影响了孩子的道德发展与心理健康。兰兰的妈妈按照心理专家的建议，母女二人在花园里，亲密地谈起了生活与学习。妈妈真诚地告诉兰兰："以前妈妈错误的教育是造成兰兰忌妒的关键，现在心理专家纠正了妈妈的错误方法，教会了妈妈如何教育孩子，妈妈尽早改正，希望兰兰也和妈妈一起进步。"妈妈还主动给兰兰买来了《温暖孩子心灵的101个热线电话》与兰兰分享，一起感受正确的教育。现在，妈妈只要有时间，就耐心地给兰兰讲古今中外关于友谊、团结、互助、谦让的故事，讲中国传统的礼让典故，讲伟人的故事，使兰兰对礼让、团结、宽容有了深刻的理解，明白了很多道理。

给女儿更多的爱，让女儿在集体中感悟幸福

遵照心理专家的建议，妈妈调整了工作进度，专门留出时间与兰兰交流思想，探讨文学与历史。妈妈还特意带兰兰去听音乐会，参加体育活动，参观博物馆和名人故居，兰兰从中很受启发。

妈妈根据兰兰的身体条件和兴趣爱好，还为兰兰报了花样游泳训练班、合唱队。通过花样游泳班和合唱队的经历，兰兰感受

到团结协作的重要性，懂得尊重与被尊重的道理，明白友好与宽容的重要性。兰兰的心理也日趋成熟起来。

思想道德教育

心理专家根据小学生的心理特点，利用课余时间，以传统教育为突破口，深入细致地向同学们传授友好、谦让、礼貌、互助的道理，让同学们知道如何做人，如何控制自己的情绪，如何把忌妒转变为积极向上的动力。心理专家在校园里开展“争做文明小学生”与“手拉手，共同进步”的活动，让同学们积极参与其中。兰兰通过参加这些活动，深刻地认识到自己存在的问题，认识到了以自我为中心的不健康的处世方式。兰兰在摆正心态后，情绪逐渐平和了许多。

通过心理专家的正确干预，兰兰的心理问题得到了解决，她的脸上又有了往日的笑容，与同学相处也非常融洽了。

心理专家对老师的忠告

老师是学生在思想道德教育方面的最重要的人。老师在平日里要把思想道德教育与课堂内容结合起来，将二者融为一体，让学生的思想境界得到升华。老师要给学生创造合作、交流、献爱心的机会，让学生掌握与同学相处的方法，明白做人的道理。老师要适时地对学生开展心理健康教育，让学生的心灵吸收健康的营养。

心理专家对家长的忠告

家长应该明白，不正确的教育方法，会在孩子身上产生任性、以自己为中心、无法与人相处的不良后果。现实生活中，如果一个人不知道“礼让”“友爱”“互助”“宽容”这些做人的道理，坚持以自己为中心，长此以往，会形成不健康的心理，甚至还可能引发严重的心理疾病。因此，明智的家长应正确引导孩子，积极开展健康向上的家庭教育，让孩子养成良好的处世心态，学会调整自己的情绪，树立自信心。家长的细心很重要，一旦发现孩子的问题后，不要粗暴地处理，应该用无微不至的关爱，逐步感化孩子、教育孩子，让孩子的心胸变得宽广。

心理专家对小学生的忠告

小学生要多学习知识，开阔自己的视野，提高自己内心的修养；要把自己融入集体之中，主动参加集体活动，主动奉献爱心，学会关心人、爱护人，特别是要学会理解人、帮助人，只有把健康的“爱”给别人，别人才会用健康的“爱”回报你。

认真回忆一次，自己成功克服忌妒心理的过程：

2. 看到同学当了班长，忌妒心激增

情景再现

小强今年10岁了，一直在班级里担任班长。小强好胜心强，如果看到哪位同学的成绩比他好，他就会生闷气。一次，有位同学的考试成绩超过了小强的成绩，他好几天没有睡好觉。新学期开始以后，班里改选班干部，小强落选了。从那以后，他感到自尊心被伤害，变得少言寡语，课堂上无法集中精力听课，下课以后躲在角落里，脸色阴沉。小强认为自己落选是因为新班长在下面做“小动作”，故意拉选票。放学后，他提前走出校门，躲在拐弯处，准备了一块硬物——砖头，等着新班长过来。当新班长走过来后，他把砖头对准新班长的头抛了过去，幸好砖头偏了几厘米，只碰到了新班长的耳朵，伤口处鲜血直流。新班长被人们送去医院治疗。老师严肃地批评了小强的错误行为，并打电话与小强的妈妈进行沟通。

小强见到妈妈后，情绪异常激动。因为妈妈觉得小强的行为较反常，所以找到了心理专家寻求帮助。

心理导航

心理专家通过兴趣疏导法，引导小强将心里话说了出来。原来，小强并不想去伤害新班长，可是自己觉得心里委屈、压抑、烦躁。小强自从落选以后，每当听到同学叫新班长的名字时，他就会认为大家忽视他的存在，所以更加气愤。在情绪无法控制的情况下，小强想出了这样错误的方法，以解心头之气。

心理专家认为：小强落选以后，忌妒心理突显，情绪异常，出现了严重的报复行为。我们应该对小强进行正确的心理疏导和人生观教育，以免发生更严重的后果。

郁闷发泄，心情轻松

人在气头上，特别是情绪异常的时候，是很难接受他人劝说的。心理专家根据小强的心理特点和情绪变化情况，没有直接指出小强的错误，而是采取“泄”的方法，让小强把心中的积郁发泄出来。心理专家认真地与小强的家长、老师商量了解决方案。心理专家知道小强喜欢打篮球，便组织了一场篮球赛，让小强担任主力，希望他能放下心中的烦恼之事，全身心地投入篮球比赛中。半个小时的比赛，小强大汗淋漓，彻底放松了自己。赛后，小强多次用力摔打篮球，把心中的积郁全部发泄出来。此时，小强脸上的表情也显得轻松多了。

法治教育

心理专家看见小强的情绪稳定了，便轻松地与小强交谈起来。心理专家告诉小强，忌妒心理一旦产生，就像自己在心中加了一副沉重的枷锁。忌妒好比洪水猛兽，任其发展下去，可能会把人的一生毁掉。个人离不开集体，生活在集体当中，就要有一个良好的心态。每当自己看到同学有进步时，应该为同学感到高兴。如果你不服气，可以通过自己积极的努力，更好地为班集体做贡献，争取下次当选班长，用行动证明自己的能力，这才是最根本的解决办法。同学之间要坦诚相待，小强的这种做法是错误的。小学生千万不要一时冲动，做出让自己悔恨终身的事。

了解忌妒，认识危害

心理专家带小强参观了革命历史博物馆，通过了解先烈们的感人事迹，让小强很快意识到，忌妒是威胁心理健康的杀手，它像恶魔一样，不断地袭扰人的心灵。忌妒心强的人，对事、对人不能做出正确的判断，总认为别人不如自己好，不允许别人超过自己，一旦超过，就感到难受、苦恼、闷闷不乐，严重者情绪难以控制，甚至容易产生报复行为。忌妒与人的心胸有关系，健康的人大度、宽容、乐观。小学生要克服忌妒心理，懂得与他人和谐相处，懂得团结、宽容的重要意义，才能健康成长，快乐生活。其实，每个人在人生的道路上，要学习的东西很多，要善于发现别人的优点，才能让自己不断地提高与发展。一个人不能把名利看得太重，名利只是身外之物。人在忌妒心理的支配下，图一时之快，引发报复行为，造成严重后果，那就得不偿失。聪明的人总能平和地对待周围的人与事，能从实际出发，善于扬长避短，把荣誉看得淡一些，不给“忌妒”任何“着身”的机会。

查找自身存在的问题

心理专家告诉小强："同学们的眼睛是雪亮的，这一次你没有当选班长，不要怪罪同学，应该认真自省，'三省吾身'，把自身的缺点、问题找准，积极与同学交换意见，真诚地了解同学对自己的看法，虚心地接受同学提出的意见，及时改正，就能被同学认可。"

参加集体活动

一些忌妒心强的人，往往性格比较内向，在社交方面也略显拘谨。心理专家与小强的班主任老师商量，建议班主任老师多开展有意义的班集体活动。班主任老师根据学生的学习时间，在课后开展"团结互助，共渡难关"的游戏活动。小强通过参加各种活动，明白了生活在集体之中，相互信任、相互鼓励、相互支持的重要性。之后，他与同学的友情也变得更加牢固。

通过心理专家的积极疏导与教育，小强的思想有了转变，他主动向新班长道歉，并积极协助新班长开展班级工作。从此，二人和好如初了。

心理专家对老师的忠告

老师应该多了解学生的心理状况，把心理教育放在重要的位置。老师在遇到班干部改选、公布考试成绩、批评教育学生时，要讲究方式、方法，兼顾学生的心理感受。老师在班级中多开展有意义的活动，为学生们创造一个温暖的集体环境。

心理专家对家长的忠告

家长要培养孩子广阔的胸襟，让孩子明白海纳百川的道理；家长要以身作则，减少自己的忌妒心理与行为，以免影响孩子的心理健康；家长要多与孩子交流，如果发现孩子的心理问题，要及早解决。

心理专家对小学生的忠告

小学生应该多学习，拓宽思想与视野，不断提高个人素质，学会与人交流；要多参加各种社会活动和集体活动，明白“集体”的含义；要根据自己的兴趣爱好，积极地调整业余生活，努力让自己的业余生活变得丰富多彩；要对自己充满信心，懂得知足常乐。

认真回忆一次，自己成功克服忌妒心理的过程：

撒谎心理

1. 考试成绩不好，自己悄悄改分

情景再现

11岁的军军学习成绩不理想，而且常因考试成绩不好挨爸妈教训。期末考试前，爸爸要求军军各科考试成绩必须达到80分以上。考试结束以后，军军的数学成绩仅为70分。他害怕地看着试卷苦思冥想，突然想到了漫画里小孩子改分数的事，便提笔把试卷上的“70”改成了“80”。之后，军军将试卷拿给爸爸，爸爸看到了成绩后非常高兴。

几天以后，学校召开家长会，因为妈妈有事情，所以只好爸爸去。当老师把成绩向家长公布后，爸爸知道真相，非常生气。军军吓得一直在哭，他不想回家了。

老师担心军军回家后会发生其他的事情，立刻请来了心理专家帮助解决。

心理导航

心理专家立刻与军军进行了单独的交谈，军军说出了心里话。原来，军军特别害怕爸爸的“巴掌”。为了躲避爸爸的“巴掌”，他心存侥幸，悄悄地改了考试分数。

心理专家认为：因为军军害怕爸爸的“巴掌”，产生了撒谎心理，所以悄悄地改了考试分数。我们应该对军军进行认真教育、正确引导，让军军摆脱撒谎心理。

认识撒谎，看清危害

心理专家语重心长地告诉军军撒谎的性质、危害及严重后果。军军也意识到了自己的错误，认识了什么是撒谎。撒谎心理就是实施人为了实现个人的目的，利用语言欺骗的方法或其他方式，取得他人信任或同情的一种心理或行为活动。撒谎心理是不健康的心理活动，不利于小学生的健康成长，也会破坏同学之间的友谊，影响家庭和谐。同时，撒谎不利于身体健康，它容易让人的血压升高，消化系统紊乱，精神紧张，导致失眠。撒谎会让别人对自己失去信任，会让自己失去真正的朋友。小学生有了撒谎的行为，务必改正，做一个诚实的人。如果一个人有了撒谎的习惯，那么，他在今后的社会生活中将难以立足。

寓言故事

心理专家打开电脑，利用教学内容，给军军讲了一个故事——《狼来了》。很久以前，一个放羊娃在山上放羊，看到山下的大人们在劳动，为了逗乐，便向山下高声呼喊："狼来了，狼来了……"大人们听到呼救声，立刻跑上山来救援。放羊娃看到大人们焦急的样子，哈哈大笑。大人们无奈之下，下山继续劳动了。过了一会儿，他又高声呼喊："狼来了，狼来了……"大人们听到放羊娃的呼喊声，又急忙跑上山来救援，结果，又以放羊娃的大笑声而结束。大人们刚下山，狼真的来了。放羊娃惊慌失措地向山下高声呼喊："狼真的来了，狼真的来了……"此时，大人们再也不相信放羊娃的话了，大家依旧继续劳动，没有人去理会他。结果放羊娃被狼咬死了。军军听了这个故事，意识到了撒谎的严重后果，表示以后不再撒谎。

听听孩子的心里话

一些孩子撒谎多数是因为害怕爸爸、妈妈的批评。家长要彻底改变教育孩子的方式，杜绝打骂孩子，要寻找与孩子沟通的正确途径。心理专家及时与军军的爸爸、妈妈谈话，真诚地交换了意见。军军的爸爸、妈妈也明白了许多教育孩子的道理，意识到军军撒谎与爸爸的“巴掌”有直接的关系。于是，在心理专家的安排下，父子二人坐在一起敞开心扉地交流。军军委屈地认为虽然自己不愿意撒谎，但害怕爸爸的“巴掌”，索性就不说实话了。爸爸也进行了深刻的自我批评，表示今后不再打骂孩子，同时也希望军军改掉撒谎的习惯。

经过心理专家的积极干预，军军下决心改掉撒谎的习惯。从此，军军在学习上知道用功了，学习成绩很快就提高了。

心理专家对老师的忠告

老师在教育学生的过程中，要把“诚实”贯穿到整个教育的始终，在学生幼小的心灵中种下诚实的种子；要创造真诚、温暖的班级环境。

心理专家对家长的忠告

家长不能用“巴掌”对待孩子，发现孩子有了撒谎的习惯后，要采用温和的教育方式。孩子就不会因为惧怕家长而撒谎了。家长自己不能撒谎，更不能在孩子面前撒谎，一定要给孩子树立一个好的榜样。

心理专家对小学生的忠告

小学生克服侥幸心理，不要认为撒谎能隐瞒事实真相，俗话道：“要想人不知，除非己莫为。”小学生要办老实事，做老实人，这样才能得到老师、同学和家长的信任和尊重。

认真回忆一次，自己成功克服撒谎心理的过程：

2. 放学后一直看电视，电话里对妈妈说在写作业

情景再现

7岁的云云特别爱看动画片。由于父母下班晚，云云每天放学后，一到家就立刻打开电视机，躺在沙发上看动画片。妈妈在班上担心云云的作业没完成，所以每天往家里打电话询问。云云总撒谎说自己正在写作业。

一天，云云的眼睛看东西有些模糊，妈妈立刻带云云去医院检查。医生认真检查后，确定云云的眼睛是近视、斜视，这与躺在沙发上长时间看电视有直接关系。医生建议云云在治疗期间，禁止看电视。

妈妈听说云云的眼睛出现的症状与长时间躺着看电视有很大的关系，便追问云云是不是偷偷看电视了。云云点头承认。妈妈生气地质问云云撒谎的原因。云云哆嗦着说：“因为以前妈妈在电话中，也经常对同事撒谎——本来在家，竟然说没有在家；本来没有病，却

说自己病了……”听了云云的话，妈妈无言以对。为了解决云云撒谎的问题，妈妈和云云一起到了心理专家那里。

心理导航

心理专家把云云带到一个水族箱前，引导云云观察热带鱼的游动情况。过了一会儿，云云平静了许多，主动向心理专家说出了心里话。原来，云云特别喜欢看动画片，不想错过任何一集，可是妈妈不允许她看电视，即使周末也如此。在云云的生活中似乎只有学习，没有其他活动。妈妈只要发现云云看电视，就会批评她，还摆出一大堆道理……

妈妈平时与云云缺乏交流，一门心思地研究股票行情，看朋友圈……云云放学以后，要独自在家度过两个小时的时间。孤独感侵蚀着云云的内心，她根本无法全身心地去完成作业，只好通过偷偷地看电视来解闷。平日里，妈妈总是躺在沙发上看电视，她也学着妈妈的样子躺在沙发上看电视。

心理专家认为：云云与妈妈之间缺乏情感交流，孩子内心很孤独，只好通过电视里的动画片来寻找快乐。因为云云担心被妈妈批评，所以在电话里对妈妈撒谎。我们应该科学地对云云进行疏导和教育，及早帮她改掉撒谎的习惯。

案例教育，触动心灵

心理专家给云云讲了一个真实的故事。暑假的一天中午，四年级的学生大永与几个同学去游泳。大永胆子大，游向水池中心。他想戏弄在浅水区游泳的同学，便挣扎着呼喊："救命啊，我的腿抽筋了……"同学们立刻游向他，准备救援。可大永做了个鬼脸，"扑哧"一笑，开玩笑地说："我逗你们呢……"同学们看见他是假装抽筋，便都游回浅水区。过了一会儿，大永感到一个人在深水区很无聊，又假装腿抽筋，挣扎着呼喊："救命啊，我的腿抽筋了……"听到喊声的同学们又立刻游向了他。这次，他依旧是在戏弄同学。同学们很生气，一个个转身游走了。过了一会儿，大永的腿真抽筋了，身体也失去了平衡，连续呛了好几口水，这时他拼命呼喊："救命啊，我的腿抽筋了……"同学们听到后，依旧认为大永是在戏弄人，所以都没有搭理他，几分钟以后，大永渐渐沉入了水底……

听了这个真实的故事后，云云的心里感到很震撼。她明白了撒谎会失去同学和亲人对自己的信任，也认识到了撒谎的危害。

改善亲子关系，适当给孩子一些自由

心理专家与云云的妈妈认真地交换了意见，并为她细致入微地讲解了亲子关系的问题。云云妈妈顿时醒悟，明白了科学教育孩子的重要性，打算在今后的日子里多与云云沟通，给云云更多的情感支持，主动了解云云的内心感受。在之后的日子里，妈妈每个周末都和云云到户外进行活动，一起跑步、打羽毛球、跳绳和踢毽；一起去动物园看熊猫、老虎、猴子、梅花鹿等动物；一起去爬山，观察各种植物的生长情况。云云的业余生活变得丰富多彩。

在心理专家的建议下，妈妈每天给云云一些可以自由支配的时间，让云云去做自己喜欢的事。云云喜欢听歌，每天写完作业会放松地听半小时的音乐，心情十分愉快。

妈妈的变化

妈妈下班回家以后，不再躺着看电视了，不坐在电脑前观察股票行情了，也不在朋友圈里“晒”东西了，而是在认真读书，甚至与云云讨论数学、作文和英语的问题。妈妈营造了良好的家庭氛围，云云再也不偷偷看动画片了。

心理专家对老师的忠告

老师发现学生有撒谎的行为以后，不要急于批评，要调查了解情况，把学生撒谎的原因搞清楚，再采取解决办法。

心理专家对家长的忠告

家长不能对孩子的管束过于严苛，要给孩子更多的关爱，给孩子创造和谐的家庭环境，给孩子更多的自由，让孩子多与大自然接触，快乐成长。家长允许孩子犯错误，但只要孩子主动承认错误，就不要惩罚孩子了，以免让孩子被迫去撒谎。

心理专家对小学生的忠告

小学生无论出于什么目的，也不可以撒谎，要诚实做人，不能有任何侥幸心理，更不能为了掩盖错误而撒谎，这是错上加错。当自己犯了错误后，要主动承认错误，这会赢得人们对你的尊重与信任。

认真回忆一次，自己成功克服撒谎心理的过程：

恐惧心理

1. 放学不敢进家，总在门口转悠

情景再现

9 岁的红红每次走到家门口，无论如何都不进家门，一直在外面玩到妈妈下班才进家，所以，作业总是写到很晚才能完成。

一天晚上，临近 8 点，妈妈、爸爸开会回来了，红红在楼道里靠着防盗门睡着了。妈妈看了十分心疼，询问红红为什么不进家门，为什么要在外面睡。红红吞吞吐吐地说："只要我一进家门，就感到浑身上下不停地哆嗦，直冒汗珠，心慌得要命，呼吸困难，总想去小便，但又尿不出来。"妈妈担心红红得了什么疾病。第二天，妈妈带她去医院看医生。医生经过全面检查后，排除了红红在器质上病变的可能，建议妈妈带红红去找心理专家。

心理导航

心理专家给红红端来一杯热牛奶，播放了几首红红喜欢的乐曲。当红红平静下来以后，心理专家耐心细致地与红红交谈起来。原来，红红非常爱看动画片，其中不免会有张牙舞爪的野人，可怕的毒蛇、鳄鱼等动画形象。春节期间，爸爸看了一个视频，内容是一条几米长的大蛇钻进房间，咬伤了一个小孩。红红执意要看，爸爸拗不过她，就给她播放了一遍。她看完视频以后，认为这个视频恐怖极了。每当红红独自在家时，总觉得大蛇躲在角落里，吐着信子，向她扑来。

心理专家认为：红红被恐怖的视频画面吓到了，导致恐惧心理加剧，应及时进行治疗。为了让红红尽快克服恐惧心理，心理专家与家长、老师商量后，共同制订了一个科学的治疗方案。

科学灌输，正面引导

心理专家耐心地告诉红红，蛇并不可怕，人类只要不侵犯它，它就不会伤害人类。在古代，人们会把蛇视为神物，一些部落的人们甚至把蛇当作族群的图腾。

消除隐患，从心开始

心理专家建议红红的爸爸对家里的每个角落进行认真清查，而且要当着红红的面清查，让红红摆脱心理阴影。因为红红认为，蛇会藏在柜子里、箱子里、沙发下、桌子下和厨房里。红红的爸爸从卧室、客厅、厨房、储藏室到院子，全面地清查，把所有的箱子、柜子、抽屉全部打开，让红红看到家里的每个角落都被检查过，的确没有蛇的存在。

采取积极的预防措施

心理专家委托动物研究人员，结合蛇的图片为红红讲解一些小常识，让红红了解蛇的生活习性。

接触鳝鱼

心理专家建议，红红的爸爸在最近一段时间里要与红红待在一起，不要让她独自在家，让她的心里有足够的安全感，稳定她的情绪很重要。红红的爸爸会给她讲一些关于蛇的小常识，及蛇的科普知识，让红红觉得蛇不再那么恐怖。在心理专家的建议下，聪明的爸爸还根据蛇与鳝鱼身形相似的特点，带着红红到水产市场，以鳝鱼为突破口，让红红从不敢看，到敢看、敢抓、敢玩，逐步训练红红的胆量，消除她内心的恐惧感，建立她的自信心。

参观、接触蛇

周末，红红的爸爸、妈妈带红红去动物园观察蛇的生活，看饲养员如何饲养蛇，同时他们请饲养员给红红讲一些有关蛇的趣事。通过广泛的接触，使红红对蛇有了正确的认识。

通过心理专家的积极干预及大家的共同努力，红红再没出现惧怕蛇的心理，也渐渐地敢独自进家了。

心理专家对老师的忠告

学生有了恐惧心理以后，老师要多给予积极的鼓励，以免加重其恐惧心理。老师与学生沟通时，话语要温和，以免伤害学生的心灵。

心理专家对家长的忠告

孩子特别害怕外形异常的动物，甚至会在脑海中产生幻想。家长平时要多鼓励孩子，多给孩子灌输科普知识，不能随意给孩子看少儿不宜的视频，导致孩子恐惧心理加剧。家长要给孩子讲英雄人物的故事，用英雄人物的精神感染孩子。

心理专家对小学生的忠告

小学生一要多学习，掌握更多的知识，认识恐惧的根源，对恐惧的对象形式正确的认识；二要控制情绪，保持镇定，提高自信心；三要培养自己坚强的意志，通过恰当的训练，让自己变得勇敢、坚定、有毅力。

认真回忆一次，自己成功克服恐惧心理的过程：

2. 不敢举手回答问题，总是低着头

情景再现

7岁的小花性格内向，在课堂上不敢举手回答问题。一天，班里上公开课，老师希望每个同学都能积极举手回答问题。小花刚要举手时，她的双眼突然与老师的目光相遇，她立刻感觉到自己的心跳加快，呼吸困难，脑袋发蒙。下课了，老师急忙找到小花，关心地问小花是不是生病了，是不是有什么心事。小花不停地摇着头，眼神里充满了忧郁，面色苍白，一句话也不敢说。

老师担心小花有什么心事，便主动把心理专家找来，希望他能解决小花的问题。

心理导航

在心理咨询室内，心理专家像母亲一样慈爱，温柔地把小花

带到几盆花前，陪着小花赏花，让小花慢慢放松。花朵上的一只可爱的“七星瓢虫”进入了小花的视线，她的眼睛有神了，紧张的表情也放松了。一段时间后，小花把心里的秘密告诉了心理专家。原来，小花在上幼儿园时，举手发言说错了答案，遭到同学们的嘲笑。从此，小花再也不敢在课堂上举手回答问题了。

心理专家认为： 小花在幼儿园期间因举手回答问题心理受挫，所以有了恐惧举手的潜意识。我们要对小花认真抚慰，细心调节，否则这会影响小花日后的身心健康。

认识恐惧，看清危害

心理专家耐心地给小花讲解人为什么会有恐惧感，让小花知道了什么是恐惧心理，它有什么危害，如何克服。其实，90% 的人都有恐惧心理。恐惧心理就是遇到危险或回忆、想象危险时所产生的一种畏惧的情绪情感，如有的人害怕打雷，有的人害怕见到陌生人，有的人害怕见到血液，有的人害怕见到蛇，有的人害怕见到壁虎，有的人害怕见到狗，有的人害怕夜间去卫生间，有的人害怕在人多的澡堂里洗澡，有的人害怕夜间单独走路，等等。生理反应主要表现为全身或局部打颤，呼吸急促，心跳加快，甚至有小便失禁、晕厥等现象发生。恐惧心理其实也是人的一种防御本能，与生俱来，它会提醒人迅速逃离危险境地。一般性的恐惧心理不会对身心健康构成危害，如果严重的恐惧心理就可能产生严重的后果，所以，有了恐惧心理以后，不要有心理负担，要积极治疗，有意识地训练自己，很快就能恢复正常。小花听了心理专家的细心讲解，知道了恐惧心理几乎人人都有，只是轻重不同，如果放松心情，恐惧感就会逐渐消失。

解铃还须系铃人，一把钥匙开一把锁

心理专家知道，小花上课不敢举手发言的根源在于幼儿园时期的经历。于是他悄悄地与这位幼儿园老师取得联系，把小花的情况告诉了那位老师。幼儿园老师很内疚，意识到了自己不恰当的处理方式给小花的心灵造成了严重的伤害，并表示自己全力配合做好安慰工作。为了不伤害小花，心理专家录了幼儿园老师的视频给小花，并把幼儿园的教室、饭堂、活动室和休息室也一并录了下来。小花看着视频里的幼儿园老师，知道老师很喜欢她，心情舒畅多了，特别是看到自己曾经的幼儿园，更加高兴了，不由地唱起了幼儿园时的儿歌。

恰当的表扬

心理专家与小花的班主任老师交换意见，她建议班主任老师适当地表扬小花，给小花更多的鼓励与支持。班主任老师很慈爱，也了解心理学知识。上课时，班主任老师会表扬小花写作业认真、仔细，有爱心，关心班集体，她还让小花担任班级里的卫生委员，锻炼小花的胆量。由于小花当选了班委，经常要与同学开会研究班里的事情，检查各小组值日的情况，还要参与学校的评分活动，小花的话语逐渐多了起来，语言表达能力也提高了，不仅敢于发表自己的见解，而且敢于单独向老师提出问题。就这样，小花上课时惧怕举手发言的问题基本解决了。

心理专家对老师的忠告

学生上课不敢举手发言只是一个表面现象，老师要洞察学生的内心世界，不要忽略每一位不敢举手发言的同学；要善于调查研究，发现问题的根本，合理解决；要鼓励学生积极发言。

心理专家对家长的忠告

孩子上课不敢举手，家长要正确引导，科学地提高孩子的心理素质，带孩子多走一走，多参加各种有意义的社会活动，让孩子逐渐勇敢起来；要多给孩子讲英雄人物的事迹，用英雄精神感染孩子。

心理专家对小学生的忠告

小学生应把老师看作自己的亲人，这样就会消除自己对老师的恐惧心理；要有一颗平常心，把举手发言的事情看得淡一些，对错与否不必太在意；要学会暗示自己，经常在心中鼓励自己。

认真回忆一次，自己成功克服恐惧心理的过程：

焦虑心理

1. 拿到试卷后，呼吸急促，大汗直流

情景再现

小梦11岁了，平时学习很用功，不知道为什么，每次考试成绩都不理想，这给小梦造成了很大的心理压力。爸爸和妈妈每次看到小梦的成绩单，都很无奈。期中考试到了，小梦进了教室，当试卷发下来以后，她的眼神发呆，脑子发蒙，好像停止了思维，半小时了都没有安静下来。当小梦的情绪稳定下来以后，开始答题时，手却颤抖得厉害。最后，时间也不够用了，成绩考得一塌糊涂，让小梦特别伤心。

爸爸和妈妈看着试卷，无奈的表情让小梦觉得家里没有

了温暖。小梦渐渐地对学习也失去了兴趣，产生了不想去上学的念头。妈妈见到小梦糟糕的状况心里很着急，便把心理专家请来帮助小梦。

心理导航

心理专家细心地与小梦进行沟通，总结了小梦进考场后心态失常的原因，主要来自以下几个方面：

来自家长的压力。父母给小梦的压力较大，平时父母总在小梦面前说谁家的孩子学习好，被保送到好学校了；谁家的孩子考双百了；谁家的孩子考全班第一了……这些话让小梦受到了不良刺激。为了提高考试成绩，小梦经常在深夜里蒙着被子看课本，经常会熬到凌晨。小梦也经常失眠，在床上辗转反侧，难以入睡。

来自老师的压力。考试成绩出来后，老师有时候会对全班同学的考试成绩排名，这样的场景会刺激到成绩不理想的小梦。

来自身体的原因。小梦在校期间，除了在学校做广播体操以外，没有任何锻炼的时间，体质也大不如前。长此以往，导致小梦产生焦虑心理。

细谈焦虑

心理专家与小梦自然、轻松地交谈起来，谈话间，心理专家让小梦明白了什么是焦虑。焦虑是一种心理反应，轻微的焦虑对人影响不大，严重的焦虑，会影响人正常的生活、学习与工作。焦虑心理是指人预感到将要发生某种危险或不利情况而又难以应付而产生的精神压力。焦虑过度时，会让人失眠、坐立不安、血压升高，甚至会感到恶心、肚子疼等等。

小学生最常见的是考试焦虑，考试焦虑的行为表现为：进考场时，心慌、坐立不安、呼吸急促，严重的还会出现小便感、口渴感；试卷分发后，大脑过于兴奋，不知道如何下手，经常出现“丢了西瓜，拣芝麻”的事情，大脑空白期过去了，知道怎么答题了，考试时间也到了，只会让人捶胸顿足，后悔不已。当小学生有了焦虑问题以后，不要害怕，更不要着急，避免焦虑心理加重。

时间与饮食的调整

心理专家建议，小梦每天晚上在10点之前睡觉。8个小时的睡眠，可以让大脑得到充分休息，有利于神经系统的发育与健康。在饮食上，心理专家建议，家长每天给小梦喝些温的蜂蜜水，从饮食上保证充足的营养摄入。

老师、家长的言行

老师要考虑到孩子对分数排名的敏感度，最好不要公开分数排名，更不能有所偏向，要均衡照顾所有同学的心理感受。家长不要对孩子说一些刺激性的话，避免对孩子的心理产生刺激。为了安慰小梦，让小梦的情绪稳定下来，老师每月主动与小梦谈心。孩子们只有全面提高自己的能力，培养健全的人格，才能让自己适应未来的社会。

泡泡脚与听音乐

小学生每天用温水泡脚二十分钟，持之以恒，对缓解压力、稳定情绪、促进神经系统发育、避免考试焦虑非常有益。音乐能让人心情舒畅，有稳定情绪的效果。心理专家让小梦在泡脚的同时，听半小时的轻音乐，在这段时间之内，不看书、不写作业，只是闭上眼睛听，采用腹式呼吸法均匀呼吸，让自己全身心放松。

适当的锻炼

心理专家告诉小梦每天要有半个小时的体育锻炼，因为身体健康是最重要的，很多心理不健康的问题大多是由于身体缺乏锻炼导致的。小梦每天放学回家后，稍事休息，然后在门口跳绳半小时。这种锻炼方式能够让人全身的气血循环起来。小梦坚持一段时间以后，感觉呼吸顺畅了，身体也轻松了，学习的效率也提高了。

通过几个月的调整，小梦的情况基本好转了，当她再进入考场时，没有出现之前的状况，成绩也直线上升。

心理专家对老师的忠告

老师要正确引导学生出现的焦虑心理，尤其是考试焦虑心理；老师教学的目的不是培养个别的尖子生，而是培养多数的素质生；老师要把素质教育放在首位，重视学生的心理感受。

心理专家对家长的忠告

孩子出现的考试焦虑是一个系统问题，可能与睡眠、饮食、情绪、教育方法、家庭建设等有关系。我们要做个细心的家长，切断能引发孩子产生焦虑心理的所有“源头”。

心理专家对小学生的忠告

小学生一要摆正对考试焦虑的认识，意识到过度焦虑是无法解决任何问题的；二要遇事不慌、沉着冷静，要学会自我安慰、自我暗示，学会控制自己的情绪；三要敢于宣泄自己的情绪，学会向知心人倾诉自己内心的秘密；四要善于分散自己的注意力，平时积极参加集体活动，找一些有意义的事情去做，五要科学睡眠、科学饮食。

认真回忆一次，自己成功克服焦虑心理的过程：

2. 写作文时，就觉得肚子疼

情景再现

8岁的小山喜欢打篮球、踢足球，特别反感写作文，一提出写作文就难受得要命，磨蹭半天也写不出几个字来。一天，学校组织征文比赛，他拿着笔，皱着眉头，一个字也写不下去，突然感到肚子疼痛难忍，不一会儿，便满头大汗。老师担心他身体不适，便立刻送他去了医院。医生检查完以后，认为小山的身体出现的症状，可能与情绪紧张有关，属于心理问题。

小山的父母很吃惊，孩子身体健康，怎么会有心理问题呢？当小山听说自己有心理问题时，也很紧张。父母为了把事情弄清楚，带着小山找到了心理专家。

心理导航

心理专家并没有直接询问小山的情况，而是把小山带到足球场踢足球，半小时以后，小山大汗淋漓，心里感到轻松多了。小山喝了一杯水后，与心理专家谈起了 NBA 的明星，主动向心理专家倾诉起来。原来，小山上一年级的时候，写过几篇日记，被爸爸看到后，说小山的日记写得不好。爸爸的话，让他对写作文产生了厌恶感。从那以后，小山再也不愿意写东西了，只要一写作文，就感到特别难受，身上像被扎了一样；后来小山的情况越来越严重，只要一写作文就会感到紧张、恶心、头晕，肚子也不舒服。

心理专家知道了导致小山肚子疼的原因以后，及时与老师、家长交换意见，采取了积极的干预措施。

老师的变化

心理专家与老师进行了交谈，告诉老师在教学中如何关注小山的心理变化。老师很有责任心，非常配合，多次给小山教授写作的基础知识和技巧，并给小山的日记、作文做认真而细致的批语，既有鼓励，又有指导，让小山对作文又有了信心。为了提高小山的自信心，老师还以“篮球”为主题，让同学们写一篇话题作文。因为小山喜欢篮球，所以他写出的文章很有感染力。老师借此表扬了小山，并把小山的作文当作范文念给班里的同学听。从此，小山变得有自信了，对写作文也有兴趣了。

家长的变化

按照心理专家的建议，小山的父母减少了工作量，多抽时间陪孩子读些有意义的书籍。父母经常与小山探讨新闻、社会热点问题，增进双方的沟通。接着，小山全家总动员，一起写日记，父母引导小山养成写日记的好习惯，一家人把每天的所见所闻都记下来，念给对方听，互相鼓励，取长补短。在父母的带动下，小山今天写几十字，明天写几百字，日积月累，慢慢地让小山体会到了写日记的好处。

读书的乐趣

心理专家建议，小山养成每天读课外书的好习惯，读书时间不少于半小时。小山根据自己的爱好，选择了读体育评论和名人传记，坚持了一段时间以后，有了明显的效果。现在小山能坐得住了，能在评论、传记中学到文字的使用方法和人物描写的技巧。特别可喜的是，小山在读人物传记时还学到了很多做人的道理，明白了读书的意义与生活的意义，激发了自己的远大志向，变成了一个爱思考的孩子。

与作家对话

为了培养小山对写作的兴趣，心理专家请来了一位作家与小山交谈。小山很崇敬这位作家，作家通过一些经典作品的赏析，给小山讲了写作的重要性，及写作对人类文化传承的重大意义。小山茅塞顿开，开始喜欢上了写作。在作家的推荐下，小山参加了少年写作班，加入了小记者的队伍，写作水平有了很大的提高。此后，小山陆续在刊物上发表文章，让他信心倍增。

心理专家对老师的忠告

老师发现学生不爱写作文时，要从学生的兴趣点出发，由浅入深地引导学生，培养学生的写作兴趣。老师要积极改变教学方法，把“兴趣”贯穿教学的始终。

心理专家对家长的忠告

家庭是最重要的学习场所，家长要想方设法把家庭变成学习的家庭，引导孩子养成读书、看报的好习惯，让孩子学会观察生活、体验生活，用笔去记录丰富的内心世界和美好的自然世界。

心理专家对小学生的忠告

小学生一要正确对待自己遇到的问题，心理负担不能过重，把写作文的事情想得轻松一点；二要学会分析问题、解决问题，遇到事情，一定要学会用正确的方法去解决；三要敢于实践，“读书破万卷，下笔如有神”（杜甫《奉赠韦左丞丈二十二韵》），平时多读书，多写文章，养成写日记的好习惯。

认真回忆一次，成功克服焦虑心理的过程：

攀比心理

1. 看到同学吃零食，自己也按捺不住了

情景再现

学校规定学生不允许把零食带入学校，更不允许在学校里吃零食。最近，7岁的芊芊总是买很多零食拿到学校吃。芊芊的行为被老师发现好几次。星期一下午，学校检查卫生，老师又在芊芊的书桌里发现了很多零食，有巧克力、饼干、开心果、瓜子等。之后，老师严肃地与芊芊谈了话。可是星期五下午，老师又在她的书桌里发现了一大堆零食。

老师只好把芊芊的家长叫来学校。在家长面前，芊芊只是哭，也不开口说话。为了芊芊的健康，老师把芊芊带到心理专家身边，让心理专家帮助芊芊解决问题。

心理导航

心理专家把芊芊带到一个兔笼前，陪着芊芊一起观察活泼可爱的小兔子，还让芊芊给小兔子喂菜叶、鲜草。看着小兔子可爱的样子，芊芊高兴极了，她渐渐地向心理专家吐露了心声。原来，芊芊的同学小鱼经常买零食吃，同学们都簇拥着小鱼。芊芊看着这么多同学簇拥着小鱼，心里很不是滋味。于是，芊芊为了吸引同学们的注意，开始买大量的零食，意在超越小鱼。芊芊把全部的压岁钱拿出来，变着花样地买零食。一个多月的时间，共花掉了500多元。

心理专家认为：为了彰显自己的“实力”，为了与同学争高低，芊芊有了攀比心理。这需要我们对其进行正确的引导和教育。

了解攀比，认清危害

心理专家与芊芊交谈起来，谈话中，心理专家告诉了芊芊什么是攀比心理，攀比心理的危害有哪些。攀比心理和行为就是用自己的处境与同学进行不切实际的比较，从而形成一种盲目争先的心境和行为。攀比心理的危害严重，任其发展下去，可能导致个人的人格扭曲，破坏同学之间真诚的友谊，甚至会引发盗窃行为，给自己和家庭带来不必要的精神与经济负担。学生务必远离攀比心理，踏实做人。学生不要与同学比吃、穿、玩，而要与同学比学习、比纪律、比才艺、比卫生、比奉献、比团结。

真实案例，触动心灵

心理专家拿出一本法治宣传教材交给芊芊，她看到了其中的一个案例。12 岁的王勇是某学校六年级的学生，为了与同学攀比手机，竟然拦路抢劫下班的女工人，在遭到女工人的反抗后，他竟用硬物把女工人砸伤，给自己和他人的家庭带来了无尽的伤痛。事发后，王勇后悔地说："攀比心理让我走火入魔，都是攀比心理害了我……"看完这个案例，芊芊意识到了自己的问题，认真地检讨自己的行为，下决心改正。

及时的主题班会

心理专家建议，班主任老师开展以"攀比"为主题的班会，让同学们准备材料，从不同的角度发言、辩论。班主任老师让芊芊认真准备，作为第一个发言人。芊芊为了这次班会的发言稿，查阅了很多资料。最后，芊芊以“为国争光的奥运冠军”为主线，写出了生动、感人、朴实的发言稿。她在班会上的发言，感染了全体同学，赢得了同学们的喝彩。芊芊发言结束后，也认真听了同学们的发言，也认识到自己与同学攀比吃零食的错误行为。芊芊认为自己要悬崖勒马，做一个勤俭节约的文明学生。

父母的物品

心理专家到芊芊的家里了解情况，发现芊芊的父母都是普通的劳动者，为人朴实，生活节约。皮鞋、衣服、手机、包都是几年前买的，家中没有什么时髦的物品。心理专家建议芊芊的父母把物品拿出来，给芊芊上一堂真实的艰苦朴素的教育课。芊芊看着父母的旧鞋子、衣服、包、手机，流出了眼泪，深深地体会到了“节约”的重要性，知道了勤俭节约是中华民族的传统美德，而且是永远的美德。

通过心理专家及时的帮助，芊芊很快就与零食说拜拜了。芊芊在放学的路上，不仅自己不买零食吃，而且劝说同学少买零食。

心理专家对老师的忠告

老师发现学生有了攀比心理以后，要对学生及时开展人生观的教育，让学生了解我国的历史，知道幸福生活的来之不易。老师要引导学生在班级内形成不比吃、穿、用，比学习、纪律和成绩的良好风气。

心理专家对家长的忠告

家长要教育孩子学会勤俭节约，让孩子知道生活的不易。每个中国人都应该传承中华民族勤俭节约的美德。

心理专家对小学生的忠告

小学生一要平和心态，不能盲目攀比；二要实事求是，从自己的实际出发，量力而行；三要克服虚荣之心，自然地与同学相处。

认真回忆一次，自己成功克服攀比心理的过程：

2. 柜子里全是高级四轮驱动车

情景再现

11 岁的桥桥钟情于四轮驱动车。星期一下午，桥桥在学校的操场上与同学玩四轮驱动车，被班主任老师发现了。这是班主任老师第 N 次发现桥桥在学校玩四轮驱动车。之后，班主任老师没收了桥桥的四轮驱动车。晚上，班主任老师给桥桥的家长打电话说明了情况。她告诉家长，桥桥这样做不仅耽误学习，还影响了班集体的荣誉，希望家长严格管教，不要让桥桥把四轮驱动车再带入学校。

桥桥妈妈放下班主任老师的电话后，生气地打开桥桥的柜子，发现了 20 多辆四轮驱动车，200 多节电池。妈妈追问桥桥买四轮驱动车的钱是从哪里来的。桥桥见妈妈生气了，吓得不敢说话，飞快地跑到姥姥家，躲了起来。妈妈追到姥姥家向桥桥询问情况，可是姥姥护着桥桥，妈妈一点办法也没有。妈妈为了帮助桥桥，防止他继续购买四轮驱动车，把心理专家请来，帮助解决桥桥的问题。

心理导航

心理专家没有直接评论桥桥买车的事情，而是与他谈论起四轮驱动车的话题，从韩国的、日本的、美国的，一直谈到现代最流行的四轮驱动车。桥桥对于谈论的内容，很是兴奋。他渐渐地打消了对心理专家的戒备心，把内心的秘密说了出来。原来，桥桥的几个同学都喜欢四轮驱动车，经常在学校的操场上比赛。每次比赛，只要自己得了冠军，内心就会获得极大的满足。在比赛中，桥桥为了超过同学的四轮驱动车，花光了近千元的压岁钱，还经常撒谎向姥姥、姥爷要钱，买款式最新、速度最快的四轮驱动车，一共买了20多个。

心理专家认为：为了比赛争第一，孩子在攀比心理的作用下，学会了撒谎。我们需要让孩子了解生活，知道感恩。

看妈妈、爸爸的一日生活

桥桥不知道妈妈和爸爸工作的辛苦，也不知道妈妈和爸爸挣钱的不易。心理专家与桥桥父母商量后，决定利用周末的时间让桥桥看一看妈妈和爸爸的一日生活。妈妈今年 40 岁了，是一家服装厂的检验员，每天站在包装机器前检查产品质量，打上产品合格证书，一天站在那里工作 8 个小时，除了上厕所以外，不动地方；中午吃一份简单的午餐，非常节省。妈妈工作一天下来，腰酸腿疼，头晕眼花，下班回家以后，还要买菜、做饭、打扫卫生，十分辛劳。爸爸今年 42 岁了，是位电焊工，每天用焊枪焊接钢铁器材，蹲着、站着、弯着腰焊接，有时还需要趴着，十分危险；生活中，省吃俭用，穿的是普通的工作服。桥桥看到了父母的工作环境与生活状态，内心很愧疚，伤心地流下了眼泪。桥桥决定再也不买四轮驱动车了，要好好学习，长大孝顺父母，不让父母再受累。

看姥姥、姥爷的一日生活

心理专家与桥桥的姥姥、姥爷交换意见后，决定带桥桥看一看姥姥、姥爷的一日生活。姥姥、姥爷退休了，每月只有三千多元的收入，电费、水费、煤气费、药费占了很大一部分。二老在生活上很节省，每一分钱都要算计着花，家里没有一件新家具，电视机是 20 年前的，旧得不成样子了。可是，当桥桥向他们撒谎说需要钱买书、学习资料时，二老会毫不吝啬地把钱拿出来给桥桥。桥桥知道自己错了，向姥姥和姥爷鞠躬道歉，表示再也不撒谎了，更不攀比四轮驱动车了，一定要好好学习。

积极健康的业余活动

为了丰富桥桥的业余生活，心理专家建议桥桥参加学校的篮球队，转移兴趣点和注意力。桥桥父母找到体育老师，体育老师认为桥桥的身体条件（弹跳力和灵活性好）非常好，让他在篮球队里担任中锋。桥桥每天放学以后，与队员们一起训练，经常参加学校间的篮球比赛。从此，桥桥不仅有了团队意识，还有了吃苦精神，明白了许多做人的道理，再也没有买过四轮驱动车。

警示语的作用

父母为了让桥桥牢记“节约”二字，真正克服攀比心理，在家贴了很多标语，如：艰苦奋斗是美德；盲目攀比让人失去理智；与同学比学习，与同学比球技，与同学比劳动。家里随处可见的正能量的标语，让桥桥的心理成熟了很多。

在心理专家的积极干预后，桥桥通过参观父母和姥姥、姥爷的生活情况，明白了真实的生活是什么，知道了父母的不易，思想与心理较之从前有了很大的改观。

心理专家对老师的忠告

老师一要加强学生的教育，引导为主，善于从思想上和心理上帮助学生走出攀比心理的泥潭；二要科学引导学生树立正确的人生观，让学生们比孝顺、比节约、比感恩、比学习、比纪律。

心理专家对家长的忠告

家长应该把家庭生活情况如实地告诉孩子，让孩子参与家庭生活，知道什么是生活，应该怎么生活、怎么消费、怎么计划、怎么节约。

心理专家对小学生的忠告

小学生要多观察生活，特别是观察父母的生活，要知道父母的不易，更要知道真实的生活是什么；要有积极、向上的进取心，克服浮躁的心态，不能盲目攀比；要把心思放在学习上，不分心、不虚度光阴；要丰富自己的业余生活，倡导健康、积极、节约和安全的理念。

认真回忆一次，自己成功克服攀比心理的过程：

离家出走心理

1. 深夜，她独自在妈妈的墓碑前哭泣

情景再现

12岁的思思是一位品学兼优的学生，还是班里的班干部，学习成绩始终在全年级是前三名。思思平时的课程比较紧张，放学回家以后，就赶紧回到自己的房间学习，有时间就用电脑下载一些软件，自学英语。在邻居和爸爸同事的眼里，思思是个非常听话、懂事、有礼貌的好孩子。思思3岁时就没有了妈妈，爸爸总觉得对思思有所亏欠，所以对思思格外呵护，在吃、穿、住方面从来没有委屈过她。

可意外的事情发生了。周末，思思离家出走了。这下可把思思的爸爸急坏了。老师也非常着急，主动与思思的爸爸交流情况，老师认真回忆了思思最近一段时间的表现：她

最近在学校一切正常，学习非常认真，但有时感觉好像睡眠不足。爸爸说思思最近在家里，总是一个人把自己关在屋子里面。思思的房间里有一台电脑，爸爸回家后总是担心女儿上网，所以，经常在没有经过思思允许的情况下，进入她的房间检查。思思曾经向爸爸提出过意见，可是思思的爸爸根本没把她的意见当回事，特别是在她学习的时候，进出更加频繁。

心理导航

心理专家听完思思的爸爸的陈述之后，认为问题的关键在于思思的爸爸。心理专家立刻来到来思思家，进入思思的房间，翻找思思有可能留下的信息。心理专家找了半天，在思思的电脑里发现了秘密。在电脑的一个文件夹里，有一封思思留下的信件："爸爸，请尊重我，不要再随意进我的房间了。其实，我并没有反对您进我的房间，我现在是大人了，您每次进来像侦探一样，检查我是不是在上网，表面上是关心我学习，其实严重地干扰了我学习的注意力，我现在根本没有时间上网，也没有什么兴趣上网。您每次进来检查我时，那种眼神就像尖刀一样，刺痛了我的心，我的思维乱套了，晚上也因此失眠。现在，我只有忍痛离开您，到一个比较安静的地方去静一静，您放心，不会出事的。”

了解孩子的心理，尊重孩子

思思的爸爸含着眼泪看完信，急得不知如何是好。老师很严肃地剖析了思思的爸爸的“过分”行为，建议思思的爸爸先调整一下心态，今后要学习一些儿童心理学知识，要学会尊重女儿、相信女儿。心理专家的话，让思思的爸爸深刻地认识到了自己的“过分”行为是非常错误的。此时，思思的爸爸冷静地分析思思可能去的地方。深夜，当心理专家与思思的爸爸赶到思思的妈妈的墓地时，发现思思靠在妈妈的墓碑前哭泣着，冻得全身发抖。

及时承认错误，还是好爸爸

思思的爸爸亲切地喊着思思的名字，急忙跑过去，紧紧地抱着思思。思思见到爸爸后，也紧紧地抱住了爸爸。回家后，心理专家对父女之间的"心结"进行了正确的疏导，父女二人敞开心扉地沟通。

老师的安慰、教育，如同一剂良药

老师单独与思思进行了一次长谈，在表扬思思是个好学生、好班干部的同时，还含蓄地告诉思思独自外出很危险，应该与爸爸打个招呼；要理解爸爸，爸爸独自操持着家，也很不容易。思思是非常懂事的孩子，自己也意识到离家出走给爸爸带来的伤害。

心理专家对老师的忠告

在学生发生离家出走事件后，老师要注意为学生保密，尊重学生，不宜在班级内提及学生离家出走的事；要通过生命教育和传统文化教育，让学生知道感恩；要经常给学生讲解心理学知识，让学生知道如何调节自己的心理。

心理专家对家长的忠告

随着孩子年龄的增长，独立的思想个性会逐步地表现出来，反抗性也会随之加剧。如果家长还以“大”压人，不善于与孩子进行心理上的沟通，会让孩子产生强烈的叛逆心理，甚至发生不可预测的行为后果。家长关心孩子，更要尊重孩子，特别对女孩子的关心方式更要科学。如果孩子离家出走了，回家以后，家长不要再提及孩子离家出走的事，以免刺激孩子的心灵。

心理专家对小学生的忠告

小学生要学会理解父母，知道为人父母的不易，要主动与父母交流，主动与他们沟通思想，把心里话讲给他们听。如果自己遇到想不开的事，不要藏在心中，可以向家长、老师倾诉，早一天把“疙瘩”解开。

认真回忆一次，自己成功克服离家出走心理的过程：

2. 听到妈妈、爸爸吵架，感觉自己是多余的人

情景再现

星期五晚上 8 点多，10 岁的小沙放学后迟迟没有回家，爸爸和妈妈十分着急，打遍了所有亲戚、老师和同学的电话，也没有打听到关于小沙的消息。全家人找遍了小沙可能去的地方，还是一无所获。爸爸和妈妈在无奈之下，只好报了警。凌晨 4 点钟，热心的民警在火车站的售票处发现了小沙，把小沙送回了家。父母生气地追问小沙出走的原因，小沙闭口不答。爸爸正要抬手时，小沙只吐出一句话："我还要走，去找姥姥，与姥姥一起过。"父母担心小沙再次发生意外，便请来学校的心理专家，帮助解决小沙的心理问题。

心理导航

心理专家建议小沙先洗个热水澡，之后，两个人亲切地交谈

起来。原来，小沙的父母关系不和睦，每天都吵架。昨天下午，小沙放学以后，刚走到家门口，又听见父母在吵架：妈妈说她不要小沙，爸爸说什么条件都可以接受，就是不能要小沙。小沙听到后，顿时流下了眼泪，他觉得父母都不爱自己，自己是多余的人。小沙一气之下，情绪失去了控制，没有推门进家，而是直奔火车站，准备回农村的姥姥家，再也不回来了。

心理专家认为：小沙受到家长的语言刺激，对家庭失去了信心，心中郁积加重，无法解脱，产生了离家出走的念头。我们应该及时安抚小沙受伤的心灵，以免产生严重的后果。

父母的歉意

心理专家知道了小沙离家出走的原因以后，立刻与小沙的父母交换意见，认为他们缺乏责任心，没有把孩子的事放在心上，更没有考虑孩子的心理感受。小沙的父母这才意识到，他们在吵架时的不当言语严重伤害了小沙。他们真诚地向小沙道歉，告诉小沙其实父母都很爱他。小沙听完父母的解释，一直紧张的心情也放松了，情绪也平稳了，也为自己的不辞而别向父母道歉。

父母不再吵架了

小沙的父母通过这件事情明白了家庭和谐的重要性，知道了吵架对孩子的伤害。在今后的日子里，小沙的父母决定两人之间要互相谦让。小沙知道父母不再吵架了，心里特别高兴，学习成绩也提高了，也比之前懂事了。

丰富多彩的家庭活动

为了创建和谐的家庭，让小沙感受到家庭的快乐，小沙父母制订了家庭活动计划：家庭读书、家庭观影、家庭外出旅游、家庭体育锻炼等，并严格落实执行。小沙的家庭活动让小沙感到既快乐又充实，他再也没有产生离家出走的念头。

在心理专家的帮助下和父母的配合下，小沙的心理问题得到了解决。

心理专家对老师的忠告

老师是学生一生中最重要的人之一，要真心地关注学生的成长。老师不仅要主动了解学生在学校的情况，还要认真了解学生在各自家庭的情况，把工作做在前面。

心理专家对家长的忠告

家长不要认为孩子小，什么事情也不懂，什么事情也看不出来。其实，孩子是有思想的、有尊严的。无论家长说什么、干什么，都要考虑孩子的心理承受能力，不能口无遮拦地说，伤害孩子的心灵。

心理专家对小学生的忠告

如果小学生受到了外界的语言刺激，或者受了其他委屈，千万不要生闷气，要勇敢地向老师、家长倾诉，不要走极端。

认真回忆一次，自己成功克服离家出走心理的过程：

迷恋网络

1. 上网，到了废寝忘食的地步

情景再现

星期一早上6点半，9岁的小成在床上睡着，被姥姥叫了无数次，还是没有起床。眼看上学要迟到了，7点时，姥姥推开小成的屋门，硬是把小成拉了起来。小成一看表，已经7点20分了，他背起书包，急匆匆地出门上学了。坐电梯下楼的人很多，他等不及了，准备走楼梯下楼。他往下跑时，腿一软，从楼梯上摔了下去，小腿骨折了，不得不住院治疗。在医院里，小成腿部的石膏还没有完全固定，就闹着要回家。医生不允许小成出院，他便要求妈妈把笔记本电脑拿到病房，妈妈没有答应他的要求，他就不配合医生的治疗。后来，小成悄悄地央求姥姥把笔记本电脑拿到医院来，姥姥心疼小成，便给他拿来了。小成在医院的病床上玩网络游戏，夜间也不休息，导致睡眠严重不足。有一次，小成在下床时，感觉头昏眼花，险些摔倒。医生认为小成迷恋网络，为了保证治疗效果，主动与小成的妈妈沟通，请心理专家帮助解决小成的网瘾问题。

心理导航

病床前，心理专家以网络游戏为话题与小成交谈起来，从日本的、美国的，一直谈到我国的，谈得很尽兴，小成也向心理专家敞开心扉。原来，小成与姥姥住在一起，父母做生意很忙，一个月见不到一次。小成每天放学回家以后，姥姥担心外面有坏人，不让他出门玩。姥姥为了保护小成的眼睛，也禁止小成看电视。枯燥的生活，让小成感到很无聊。小成过生日时，爸爸给他买了一台电脑，从此他喜欢上了网络游戏。小成每天放学以后，把自己关在房间里玩游戏，每当闯关成功以后，小成感觉特别兴奋。最近，他玩了一个非常刺激的游戏，打到快结束时，怎么也过不去这一关了，他不甘心，决心一定要通关。

心理专家认为：小成长期与姥姥生活在一起，在课余时间内被人为地与外界环境隔离，加之缺少父母的爱，导致心理发育不健全。小成在网络游戏的世界里找到了快乐与满足，所以沉溺其中。我们需要认真引导，帮助其远离网络游戏。

见到了最崇拜的网络游戏专家

一把钥匙开一把锁。为了让小成彻底摆脱网络游戏，心理专家把网络专家请来，与小成面对面地交流。小成做梦也没有想到网络游戏专家竟然能坐在自己的病床前，内心十分激动。小成急忙向网络游戏专家请教如何闯关的问题，网络游戏专家将网络游戏的制作原理、设置关口的秘诀、破解关口的步骤告诉了小成。小成瞬间对网络游戏失去了兴趣，不再认为闯关是那么神圣的事情了。

改变生活方式

心理专家与小成的父母交换意见，建议小成的父母在小成的伤势基本恢复以后，把他接回家，不要继续让其“隔代”居住。

小成的父母也明白了一个道理：挣钱再多，房子再大，如果孩子的教育失败了，一切都是无用的！于是，父母调整工作安排，不再只考虑做生意的事情了。父母在征得医生的同意后，把小成从医院接回家休养。父母每天轮流陪小成聊天，给小成讲故事，一起讨论问题，一起看新闻节目了解国内外大事，让小成真正感受到了家庭的温暖。

收集昆虫标本

小成喜欢收藏昆虫标本，心理专家建议父母经常带小成去户外收集标本。每逢周末，小成的父母放下手头的生意，与小成一起去植物园、昆虫研究所、自然博物馆参观昆虫标本，收集一些小成喜欢的昆虫标本，认真听昆虫专家介绍昆虫的习性和生活环境、标本制作的方法等。小成过生日时，妈妈、爸爸给他从书店买来昆虫科普书、光盘。这些都让小成感到父母的存在，父母的爱就围绕在自己身边。

展示标本

心理专家与小成的班主任老师交换意见，希望给小成一个展示标本的机会，提高他的自信心。班主任老师结合素质教育课的内容，利用周末的下午在班里举办了“昆虫与环境”的展览，小成把自己收集的昆虫标本拿到学校展示，自己当解说员，为同学们讲述每个标本背后的故事，赢得了同学们的喝彩。

警示语

小成的妈妈与小成共同制作了一个大标牌，放在家中醒目的位置，随时提醒小成：远离网络游戏，健康生活。小成每天都能看见自己制作的标牌，这对自己有很好的警示作用。

在心理专家的干预下，在老师的积极帮助下，小成克服了迷恋网络的心理问题。

心理专家对老师的忠告

老师发现学生有了网瘾以后，一要有针对性地教育学生树立正确的人生观，把精力放在学习上；二要改变教学方式，实行快乐教学，不要让学生对学习产生厌倦感；三要积极与家长交换意见，一起做好学生的工作。

心理专家对家长的忠告

孩子上网玩游戏成瘾后，家长不能以粗暴的方式教育孩子，以免把孩子“打”进网络游戏世界中。家长应该反省自己的言行，看自己是不是把教育孩子的事情放在首位，是不是给予了孩子足够的爱和关心。

心理专家对小学生的忠告

小学生要珍惜时间，要明白自己当前的任务是什么，不要把游戏世界当成现实的世界，执迷不悟，沉溺其中只能让自己身心受到伤害，让父母难过，让老师为你着急。

认真回忆一次，自己成功克服迷恋网络的过程：

2. 上网聊天有说不完的话，平时却少言寡语

情景再现

11 岁的小芸，性格比较内向，很少与人交流，在学校上课时也不敢主动举手发言，总是一副不开心的样子。小芸平时对班集体活动表现得很淡漠，经常找借口不参加，也很少与同学交流内心。

一天，爸爸买来一台电脑，她非常喜欢，并热衷于在网上“冲浪”。

由于爸爸、妈妈下班晚，小芸每天把作业草草写完后，就迫不及待地上网与素不相识的人交流，晚上有时还偷偷地起来上网与人聊天、看视频节目。由于她长时间盯着电子屏幕，眼睛开始出现问题，看东西模糊，会经常流泪，学习成绩也直线下降。爸爸发现小芸出现的问题后，坐下来认真地与小芸聊了起来，可是小芸什么也不说。爸爸无奈之下，与小芸的班主任老师交换了意见。班主任老师急忙请来学校的心理专家帮忙。

心理导航

心理专家微笑着把小芸带到几只白色鸽子面前，让小芸给鸽子喂些玉米粒。小芸看着鸽子欢快地啄玉米吃，心情放松了许多，渐渐地向心理专家说出了自己心里的秘密。原来，小芸的内心世界非常活跃，因为她性格内向，所以外表看起来显得冷淡。小芸也非常愿意举手回答问题，只是因为在小学一年级时的一次发言，她紧张地将问题回答错了，遭到了同学们的嘲笑，从此再也不敢举手回答问题了。平时，小芸看到同学们受到老师的表扬，她的内心也很渴望。回家后，由于爸爸、妈妈下班晚，加上二人经常吵架，她的内心特别孤独，总觉着自己哪方面都不如同学，自卑感随之而来。因为小芸每天闷闷不乐，不愿意跟人沟通，又得不到爸爸和妈妈的温暖，所以只有在网络的世界里，才会寻找到快乐。

心理专家认为：小芸迷恋网络的根源在于家庭成员之间感情的淡漠，我们必须多方配合，及时温暖小芸那颗幼小而冰冷的心。

批评父母

心理专家严肃、认真地把实际情况告诉了小芸的父母，认为小芸的父母平时不注意关心小芸的心理问题，由于家庭没有温暖，造成小芸在心理上出现了创伤。同时，心理专家给小芸的父母提出了五点建议：一、无论婚姻如何，要关注小芸的教育；二、每天都要与小芸交流，让小芸感到父母的存在；三、家庭成员之间关系要和谐、快乐，给小芸创造快乐的家庭环境；四、经常带小芸亲近大自然，多看一看外面的世界；五、培养小芸的兴趣爱好。

家庭温暖最重要

小芸的父母听了心理专家的建议，意识到了问题的严重性，并主动地安排时间，陪小芸聊天、打羽毛球和看电影。周末，父母带小芸外出爬山、游泳，逛图书市场。爸爸根据小芸的爱好，带她去看画展，与画家交流。妈妈下厨房为小芸做喜欢吃的饭菜，教小芸包饺子、摊鸡蛋、煮面条。家庭有了温暖，小芸的脸上也出现了幸福的微笑。

发动同学伸出友谊之手

为了让小芸内心的孤独感尽快消除，让她的注意力尽快地从网络中转移出来，心理专家、班主任老师与家长做了大量的工作：动员班里的同学与邻居（同龄人）平时主动与小芸进行交流，并开展有意义的活动。小芸的业余活动多了，就不再想着上网了。随着时间的推移，小芸找到了心理平衡点，感受到了周围人带给她的温暖，重新拾起了自信心。

班主任老师的特殊鼓励

为了让小芸冰冷的心重新“热”起来，班主任老师在上课时有意识地让小芸多发言，及时地表扬小芸正确的回答，还分配给小芸一些额外的“工作”，锻炼她的组织能力与自信心。

兴趣培养

为了培养小芸的爱好，妈妈在征得小芸的同意后，让小芸参加了美术班。平时，妈妈送小芸去学习美术。周末时，爸爸带她去野外写生，看农家的小动物和蔬菜，小芸用画笔快乐地描绘着大自然和农家的美景，心情好极了。

通过心理专家的干预，经过大家的共同努力，小芸的心理问题解决了，现在她不再迷恋上网与人聊天了，也不玩游戏了，而是主动参加集体活动，与同学们一起学习、交谈和娱乐，微笑经常挂在脸上。

心理专家对老师的忠告

学生与老师亲如一家人，平时老师要注意观察学生的言行举止，善于从学生微小的变化中发现情况，并能够结合学生的成长特点、心理变化及家庭情况，有针对性地引导和教育。

心理专家对家长的忠告

如果孩子没有温暖的家庭环境，得不到父母的鼓励与支持时，自然就会迷恋上其他东西，以此摆脱孤独。家长要善于观察孩子的行为表现与心理状态，及时把温暖与关爱送到孩子身边，要让孩子感受到爱的存在。

心理专家对小学生的忠告

小学生应该学会“心理”保护，善于调节自己的情绪，主动与同学交流；要主动与家长沟通，把心中的烦恼告诉父母；要主动与老师沟通，得到老师的理解与帮助；要相信老师和家长，相信阳光总是温暖的；要主动亲近大自然，多方面培养自己的兴趣，始终让心灵充满阳光。

认真回忆一次，自己成功克服迷恋网络的过程：

厌学心理

1. 上学出门前，感到肚子疼

情景再现

明明今年8岁，上小学二年级。一天，他出门上学时，突然感到自己肚子痛，而且脸上露出很痛苦的表情。妈妈担心明明得了急症，立刻送他去了医院。医生经过全面检查以后，认为明明没有器质性病变，这可能与他的情绪、心理、精神有关系，建议妈妈带明明去找心理专家看一看。

心理导航

心理专家采取兴趣交流法与明明顺利地沟通。原来，明明的爸爸望子成龙心切，在学习上对明明要求得特别严格。爸爸规定明明每次考试都要在98分以上，而且必须是班里的前五名，如果达不到规定的目标，就会受到严厉的惩罚。因为爸爸严格的规定，所以明明的精神总处于紧张的状态，上课时精力也不能集中。明明在考试成绩不理想时，特别不愿意回家，甚至产生过退学的念头。

心理专家认为：爸爸给明明的压力较大，使明明产生了厌学的心理。我们需要及时对明明进行疏导，让他重新拾起对学习的兴趣。

爸爸的态度变化最关键

心理专家认为明明爸爸的做法非常不科学、不合理，要求他立刻改正自己的做法。明明的爸爸意识到自己在教育方法上存在的严重问题，诚恳地向明明承认了错误，也希望自己能成为明明的好朋友。明明听了爸爸的话语，紧张、压抑的心情顿时轻松了。

家庭关系很关键

在心理专家的指导下，明明的爸爸明白了教育孩子的道理：要得到孩子的信任与尊重，就要学会与孩子交朋友。从此，爸爸放下家长的架子，与明明谈天说地，在不影响明明学习的前提下，陪明明踢足球，打篮球、乒乓球，看英超联赛、NBA 等，父子的关系开始密切起来，渐渐地成了知心朋友。从此，明明的心理压力减小了，上学出门前，肚子不会感到痛了，学习成绩也提高得很快。

建立民主、和谐的家庭

在心理专家的建议下，明明家定期召开民主与和谐会，每位家庭成员围绕主题大胆发言，提出独到的见解。全家人一致认为：每位家庭成员都应该是快乐、自由的。明明看到爸爸的变化，看到家庭生活的改变，心情变得轻松、愉快了。

经过心理专家的干预，明明厌学的心理问题解决了，现在的明明像变了一个人似的，学习也好了，身心也健康了。

心理专家对老师的忠告

在教学过程中，老师要关注学生的心理变化，特别要讲究说话的方式与方法，千万不要伤害学生的自尊心。老师在批改作业、卷子时，要用尊重的言语，以免刺激孩子。老师要运用快乐教学法，让学生感到学习是件轻松、快乐的事情。

心理专家对家长的忠告

在家庭中，孩子们需要的是轻松与快乐。家长要了解孩子的心理特点，根据孩子的各个成长阶段，科学引导孩子心理健康发展。在教育问题上，不能把家长的想法和要求强加给孩子。

心理专家对小学生的忠告

小学生遇到想不明白的事，要敢于与家长交流，不要把烦恼和痛苦积压在心中；要把学习当成乐趣，在快乐中完成学业；要善于调节自己的情绪，培养自己的兴趣，让自己的生活充实起来。

认真回忆一次，自己成功克服厌学心理的过程：

____

____

____

2. 到了校门口，迟迟不想进校门

情景再现

小雨今年9岁了，胆子很小。最近，也不知道为什么，她不愿意进校门了。晚上睡觉前，她经常对妈妈说自己不想上学，而且表情很无奈。妈妈以为小雨只是随意说说而已，并没有往心里去。可是几天以后，妈妈接到老师的电话，说小雨最近没有来上学。妈妈很吃惊，小雨每天早上与她一起出门，而后自己走着去学校，怎么会没去上学呢？为了把情况弄清楚，妈妈追问小雨没去上学的原因。妈妈话音刚落，小雨吓得哭了起来，而且哭得很伤心。

因为小雨不愿与妈妈沟通，所以妈妈担心小雨出事，立刻找到学校的心理专家来帮忙。

心理导航

心理专家采取安慰疏导法，让小雨敞开了心扉。其实，小雨非常喜欢上学，可是班里的一个男生总是欺负她。有一次，他把一条蚯蚓放在她的铅笔盒里，吓得小雨全身哆嗦。小雨本来想把情况告诉老师和妈妈，可又担心男生再欺负她，只好忍受着，悄悄地在被窝哭泣。从此，小雨的心理发生了变化，特别害怕男生再把蚯蚓放进她的铅笔盒里，也不愿意上学了。

心理专家认为：小雨受到了惊吓，情绪异常，为了逃避，不愿意再上学。我们需要对小雨进行及时安慰，让她重拾自信心。

男生的态度是关键

心理专家悄悄地将制造恶作剧的男生叫到办公室，向他说明了小雨的现状，他意识到自己的错误行为产生的严重后果。在心理专家的安排下，男生主动向小雨道歉。小雨在听了男生的话以后，心情舒畅多了。

老师和同学的关心

在心理专家的安排下，老师和同学们主动与小雨交流，这让小雨感受到班集体的温暖。老师还组织召开了以“团结、友爱、帮助和关心”为主题的班会，让同学们自由发言，畅谈友情的重要性及团结的意义，让同学们体会团结、友爱的真正意义。

认识蚯蚓

心理专家委托生物老师结合图片、实物和科普视频给小雨介绍蚯蚓的生活习性，让小雨认识蚯蚓，消除对蚯蚓的恐惧。

经过心理专家的及时干预，小雨不再厌学了。

心理专家对老师的忠告

老师与学生相处的时间较多，易于发现学生存在的心理问题。老师要主动询问学生的情况，主动与家长进行沟通，把学生存在的心理问题消灭在萌芽中。老师在教学中要激发学生的兴趣，经常组织有意义的班会。

心理专家对家长的忠告

家长要注意观察孩子的言行，见微知著，发现情况异常，要及时了解、及时安慰、及时解决，并及时与老师沟通。

心理专家对小学生的忠告

小学生如果遇到烦心事，要及时与老师和家长交流；要主动参加班集体的活动，多多感受班集体的温暖。

认真回忆一次，自己成功克服厌学心理的过程：

强迫心理

1. 不抱狗，就睡不着

情景再现

7岁的小菲很喜欢小动物，爱养猫、狗，每天放学与猫、狗玩个不停。一天夜里，小菲抱着狗睡着了。突然，小菲出现了呼吸困难，脸色发紫的状况。妈妈立刻打了120急救电话，叫来救护车，把小菲送到医院。经过医生的检查，小菲被诊断为哮喘。医生建议远离猫、狗类宠物。妈妈不允许小菲与家里的猫、狗接触，这让小菲无法接受。晚上，小菲看妈妈睡着了，悄悄地把狗抱进被窝，结果哮喘病又犯了。妈妈多次劝她，为了自己的健康，暂时与猫、狗分开睡觉。可是，小菲就是不听进去，理由是其他同学也有抱猫、狗睡觉的，谁也没有得哮喘病。小菲把猫、狗视为自己最要好的朋友。妈妈情急之下，只好向心理专家求助。

心理导航

心理专家首先与小菲谈论起世界的名狗、名猫，这让小菲开阔了眼界，知道了很多关于猫和狗的知识。小菲开心之余，向心理专家讲述了自己心里的秘密。前不久，小菲养的狗丢了，她很着急，饭也吃不下，觉也睡不好，学习也不能集中精力。幸运的是，丢失的狗又回来了。她再也不想离开它，晚上睡觉也担心它再次丢失，感觉抱着它睡觉才觉得安心。

心理专家认为：因为担心狗再次丢失，所以小菲有了强迫心理。我们需要对小菲进行及时疏导，让她摆脱强迫心理带来的苦恼。

老师适时进行教育

心理专家建议学校的保健医生给同学们讲一讲卫生常识。保健医生很重视这件事，很快就做了一个健康教育图板，将同学们集中起来进行观看。保健医生在现场告诉同学们养猫、狗的基本卫生常识、注意事项及防病知识。

替代产品，缓解强迫心理

心理专家根据小菲强迫心理的程度，采取了逐渐远离法。心理专家建议，妈妈买一个大小、样子与家中猫、狗类似的毛绒猫和毛绒狗，让小菲抱着睡一段时间，逐渐缓解她的强迫心理状态。经过一段时间的训练，小菲的情况改善了许多，能独自安然地睡觉了。

妈妈的爱

心理专家建议妈妈每天多花一些时间来陪小菲，与她一起聊天、读书、运动，分散她的注意力。周末，妈妈带小菲玩轮滑。小菲在运动的过程中，十分开心。

经过心理专家的积极干预，小菲的强迫心理消失了，与家中猫、狗的相处方式也十分健康。

心理专家对老师的忠告

老师发现学生有了强迫心理与行为后，应该及时与家长沟通，及时与心理专家交换意见，主动配合心理专家，教育、引导学生克服强迫心理。

心理专家对家长的忠告

孩子有了强迫心理与行为以后，家长要从多方面着手解决，千万不能简单行事，也不能操之过急。家长要根据孩子的情况，用摆事实、讲道理的方法，逐步与孩子的心灵实现沟通，绝对不能给孩子施加压力，防止孩子的心理再次出现问题。

心理专家对小学生的忠告

小学生遇到想不通的事以后，要听老师的话、听父母的话、听专家的话，明白取舍的道理，让自己及早从“困境”中走出来。小学生在平时要加强学习，积累知识，提高分辨是非的能力。

认真回忆一次，自己成功克服强迫心理的过程：

2. 爱洗手，一天洗无数次

情景再现

准备吃饭了，8岁的皎皎去洗手间洗手。当她洗完之后，刚要拿起筷子准备吃饭，又站起来去洗手间洗手。饭吃到一半时，她再一次站起来去洗手。快吃完饭时，妈妈端来了汤，皎皎又去洗手了。爸爸问她为什么总洗手，她说：“病从口入，手上的细菌很多，要讲卫生，要有素质，预防疾病最重要。”看电视时，她用完遥控器，立刻就去洗手；聊天时，她摸了摸鼻子后，马上就去洗手；写作业时，她摸了一下头发，也会去洗手。妈妈很不理解她的行为，她却认为妈妈不讲卫生。皎皎在学校里，只要一下课就去洗手；与同学握手以后，也会立刻去洗手。有几次，皎皎因为去洗手，结果上课都迟到了。

星期日早上，皎皎与妈妈、爸爸外出旅游，途中皎皎摸了一下鼻子，而后坚持要下车洗手，爸爸告诉她高速公路上无法停车，也没有洗手的地方。皎皎听到爸爸说的话后，很不高兴，一直强烈要求下车洗手。爸爸和妈妈没有办法，只好用饮用水给皎皎洗了手。爸爸和妈妈认为皎皎的行为很奇怪，可是又说不出是什么问题，只好向心理专家求助。

心理导航

心理专家带皎皎欣赏美丽的热带鱼，而后表扬皎皎讲卫生，是个有素质的好孩子。在愉快的沟通中，皎皎渐渐地向心理专家吐露了心声。原来，皎皎的同学得了黄疸型肝炎，她悄悄地在网上查询了这个陌生的名词，发现黄疸型肝炎与不讲卫生有关系，特别是与手不干净有关系。在显微镜下观察，一双手上有几亿个细菌。这些细菌是肝炎、痢疾、霍乱、肠炎、皮肤病等疾病传播的根源。皎皎查询到的内容，让她时刻觉着自己的手很脏，必须要经常洗手。

心理专家认为：皎皎因为同学得了黄疸型肝炎后，害怕因此而生病，所以有了强迫心理和强迫洗手的行为。这需要我们对其进行综合调理。

对比消除法

心理专家认真地问皎皎："你认为什么样的人最干净、最讲卫生？"皎皎说："医生、护士最讲卫生、最干净。"为了让皎皎真正明白干净、卫生与健康的含义，心理专家联系了一位医生，让皎皎在这位医生家度过了一天的时间。皎皎在医生家，认真地观察医生的生活情况，她发现医生并不是频繁洗手，是在起床后洗手，饭前洗手，便前、便后洗手，打扫卫生后洗手，做饭前洗手。医生告诉皎皎洗手很重要，对预防疾病很关键，但是不意味着要不停地洗手。人体对病菌有一定的防御能力，手可以传播疾病，可是并不是所有的疾病都是通过手传播的，通过呼吸道、皮肤、血液、病菌也能传播疾病。皎皎观察了医生一天的生活，感觉自己洗手的次数确实有些频繁。

预防疾病知识

心理专家把皎皎带到疾病预防控制中心，请专家给皎皎讲解疾病预防的知识，使皎皎明白了预防疾病不只是洗手这么简单，而是涉及的范围很广，例如：饮食预防、个人卫生预防、锻炼预防、接种预防等等。人体自身有一定的防御能力，不是细菌、病毒进入体内就会让人得病，而是根据人体体质的不同而定的，如果人的体质较差，手洗得再干净，同样会得病。预防疾病的根本是提高个人体质，要科学饮食，适度锻炼，充足睡眠，心情舒畅。

节约用水的重要性

心理专家把皎皎带到“节水办”，工作人员利用 PPT，给皎皎讲解了我国缺水地区的现状，让皎皎看西部地区缺水的群众在一天中是如何使用水的，是怎样珍惜每一滴水的。其中的几个画面很感人：一个小学生每天只使用一脸盆水来洗脸、刷牙、洗脚、洗袜子；一个缺水的村庄，人们挑一担水，要走 10 多里地，翻越一座座高山。

皎皎以前对节约用水没有任何概念，看了这几个画面以后，顿时觉得自己太不节约用水了……

经过心理专家的干预，及正确的教育、疏导，皎皎强迫洗手的行为慢慢消失了，也注意节约用水了。

心理专家对老师的忠告

老师在教育学生时，既要强调问题的严重性，又要把问题的本质说清楚，让学生知道如何做才是正确的。

心理专家对家长的忠告

家长要对孩子有耐心，发现孩子有强迫行为以后，要把事情的来龙去脉理清楚，找到问题的根源才能采取正确的处理方法。

心理专家对小学生的忠告

无论发生什么事情，小学生都要客观地看待，不要把事情想得太绝对，要学会用辨证的方法看问题。小学生在平时要多学习科普知识，用科学的知识武装头脑。

认真回忆一次，自己成功克服强迫心理的过程：

报复与偷窃心理

1. 经常给批评自己的同学制造“恶作剧”

情景再现

10 岁的小马今天又被老师批评了，老师让小马的妈妈、爸爸来学校。妈妈和爸爸来到学校以后，老师向他们谈起了最近小马总制造“恶作剧”的情况：把毛毛虫放进女同学的书包里；把蚂蚁放在同学的衣服领子里；把小石头放进同学的鞋子里。同学们对他有很大的意见，并希望老师帮助解决。老师与小马的妈妈、爸爸进行了沟通。

妈妈和爸爸知道小马的情况后，严肃地问小马制造“恶作剧”的原因。小马紧闭着嘴，一言不发。老师担心小马的爸爸不能正确处理小马的事情，便找来心理专家帮助他们解决问题。

心理导航

心理专家单独把小马带到心理咨询室，让小马喝了杯热牛奶，又送给他一块巧克力。待小马平静下来，话匣子也打开了。原来，小马好动，是个坐不住的人，妈妈和爸爸在家会体罚自己，他无处撒气，感到很郁闷。此外，小马在学校也经常犯错误。犯错误之后，班长、小队长和其他同学会把他犯的错误告诉老师。为此，他总想找个机会让同学们不敢再向老师告状，这样才会觉得心里痛快些。

心理专家认为：小马在家经常被父母体罚，心中很委屈，在学校因为同学告状，又受到老师的批评，心中不服气，产生了报复心理和行为。这需要我们对其进行及时的帮助和教育。

认识报复心理的危害

心理专家没有批评小马，而是给他讲道理，使他了解了什么是报复心理，报复心理有什么危害，学生为什么要克服报复心理，等等。报复心理就是为了发泄心中的不满，故意对他人采取恶意攻击的心理，是自私自利的表现，是没有法治观念的表现，是心胸狭窄的表现，是没有修养的表现，是不理性的表现。报复行为的危害很大，有可能导致不可控制的严重后果，甚至会触犯法律。报复心理如果不及时克服，任其发展下去，可能会导致人的心灵扭曲。

法治教育

心理专家请来民警，给小马上了一堂深刻的法治教育课。民警告诉小马不要因为报复行为小，就可以妄为，养成习惯以后，可能会害了自己。民警拿出几张照片，给小马讲了一个惨痛的例子。一个12岁的学生，在打篮球时，不小心被一个同学把鼻子碰破了，他十分气愤。放学时，失去理智的他用利器伤害了那位同学，他也因此受到了惩罚。听了这个事例，小马深刻地认识到了报复行为与报复心理的严重性，表示自己要坚决克服报复心理，做一个遵纪守法的好学生。

听老红军讲故事

心理专家请来老红军，给同学们讲人生观，讲团结友爱的故事。其中的两个故事感动了小马：长征路上，一位红军战士为了战友的生命，把仅有的粮食留给昏迷的战友吃，最后，自己饿死在草地里；另一位红军战士在牺牲前，把老母亲托付给战友照顾，战友不负重托照顾其母亲40年。小马听完感人的革命故事，明白了现在的幸福生活来之不易，是千千万万的革命先烈用鲜血换来的，同学之间应该团结、互助和关爱。

寓言故事

心理专家给小马讲了一个寓言故事：两匹马的腿上都长了瘤，第一匹马接受了手术治疗，把瘤割掉，最终，它恢复了健康；第二匹马死活不肯接受手术治疗，瘤长大后，病毒扩散了，最终，它痛苦地走向死亡。俗话说："金无足赤，人无完人。"人在成长过程中，难免会犯错误，只要及时改正错误，还是好学生。

妈妈、爸爸的改变

心理专家与小马的妈妈和爸爸交换意见，批评他们体罚孩子的错误做法，建议他们多给小马一些爱，让小马的心情愉快些。小马的妈妈、爸爸知道小马的报复行为与他们对事情的处理方式有关系后，对小马的态度变得温和多了，他们的家庭也越来越和谐了。妈妈、爸爸会与小马外出旅游，一起进行体育锻炼，一起去书店，一起去动物园、游乐园，一起看电影，小马的脸上有了笑容，心里也不觉得委屈了。

随身小卡片

为了让小马远离报复行为，细心的妈妈和爸爸制作了随身小卡片。卡片的内容是：报复是使人走向深渊的开始，要克制、要制怒、要理智、要团结、要友谊。父母将小卡片放在小马的衣服兜里和书包里，只要小马的手伸进兜里，就能接触到小卡片。小马看见提示语，就不会再产生报复的念头了。

经过心理专家的及时干预，小马知道遵守纪律了，知道关心同学了，再也没有出现报复同学的行为。

心理专家对老师的忠告

老师发现学生有报复行为以后，要认真了解情况，及时引导、教育，引导学生正确地对待“告状”的行为；要善于调节同学之间的矛盾，把问题摆在桌面，消除同学之间的误会和猜疑，关键时候要善于给报复心强的同学“降温”；要积极创造良好的班集体环境，鼓励同学之间互相帮助、互相关心、和睦相处。

心理专家对家长的忠告

家长要给孩子创造和谐的家庭环境，关注孩子的心理健康，不要冷落孩子，更不能用暴力对待孩子，要让孩子知道爱、知道关心、知道团结。

心理专家对小学生的忠告

小学生遇到事情要保持冷静，不要太计较；如果心中郁闷，烦恼很多，要主动找老师、家长谈心，把心中的“疙瘩”解开；要加强学习，多读有益的书，提高修养；要学习基本的法律知识，知法、守法，做文明学生。

认真回忆一次，自己成功克服报复心理的过程：

2. 见到同学的东西就想拿

情景再现

同学的转笔刀丢了，大家怀疑是佳佳拿的。老师找7岁的佳佳谈话，询问转笔刀的事。佳佳说没有见着。可是班里的同学都证明是佳佳拿走了转笔刀。佳佳见自己无法抵赖，只好承认是自己拿的。老师与佳佳的妈妈、爸爸进行了沟通。

放学以后，妈妈、爸爸对佳佳进行了严肃的教育。妈妈打开佳佳的书包，发现里面有很多转笔刀、铅笔和卡通玩具，并追问佳佳这些是从哪里来的。佳佳承认这些是从同学那里拿的。妈妈、爸爸生气地叮嘱他以后不能再拿同学的东西。佳佳答应了。

几天后，一个同学带来一个样式新颖的转笔刀。课间操结束后，这个转笔刀突然不见了。同学怀疑是佳佳拿的，因为只有佳佳没有去做课间操。老师向佳佳了解情况，佳佳说不知道。老师只好又把佳佳的妈妈、爸爸叫来学校。妈妈、爸爸追问佳佳关于转笔刀的事，佳佳承认转笔刀是自己拿的。

妈妈、爸爸觉得佳佳不是买不起这些东西，他经常拿同学的东西，可能有了心理问题，于是请心理专家帮助解决。

心理导航

心理专家知道佳佳喜欢足球，就以足球为话题，与佳佳交谈起来。从英超联赛，谈到欧洲杯和世界杯，佳佳的话匣子打开了。不一会儿，佳佳就把心中的秘密说了出来。原来，佳佳的父母经常把单位的稿纸、订书器、铅笔、刀子、打印纸、杯子拿回家，而且他们认为这些东西是不拿白不拿。受父母的影响，他看见同学的好东西，就想占为己有，不拿心里就痒痒；拿了以后，心里会很“知足”。把东西拿回家以后，妈妈、爸爸看见了，也不问他这些东西是哪里来的，所以他的胆子就更大了。

心理专家认为：佳佳受父母的影响，有了偷窃心理，必须进行正确的引导。

漫画的启示

心理专家拿出一本漫画书，与佳佳一起看。佳佳被漫画里的内容吸引住了。漫画里，一只肥硕的松鼠整日待在树洞里睡觉，特别懒惰，而其他勤快的松鼠把松子采回树洞，准备过冬。这只松鼠好吃懒做，不愿意劳动，就去偷吃其他松鼠的松子。时间长了，所有的松鼠都知道它偷吃松子的事，就不再与它住在一起了。冬天到了，懒惰的松鼠没有松子充饥，便四处讨要，但谁也不愿给它。最后，它饿死在树洞里。佳佳问心理专家："松鼠为什么不自己去采松子呢？"心理专家说："它养成了偷窃的习惯，不愿意劳动了，只想轻松地占有其他松鼠的劳动成果。"佳佳又问："为什么其他松鼠没有同情心呢？为什么大家眼看着松鼠饿死呢？"心理专家说："同情心是互相的，是同情值得同情的松鼠，如生病的松鼠、幼小的松鼠、年老的松鼠等等。如果对好逸恶劳的松鼠持有同情心，就是鼓励偷窃。这样，整个松鼠家族的成员都有可能饿死。这只懒惰的松鼠饿死是咎由自取，不是其他松鼠没有同情心。"

认识偷窃心理和行为的危害

心理专家把佳佳带到《法治宣传栏》前，结合宣传画，给佳佳上了一堂心理与法律教育课，使佳佳明白，偷窃心理是以不正当的方式占有他人物品为目的来满足个人强烈的占有欲和自私需要的一种不健康心理，严重影响同学之间的团结，导致同学之间互相猜疑，扰乱班集体秩序。学生有了偷窃行为以后，经常因为怕老师、同学、家长发现，所以精神处于高度紧张的状态，容易引发失眠、焦躁等疾病，对身体健康很不利。偷窃会给被盗者带来烦恼，使丢失东西的同学身处痛苦之中，是很不道德的事。如果偷窃者偷窃数额巨大，不仅要受到纪律处分，甚至可能会触犯法律。佳佳听后很受触动，意识到自己拿同学的东西是错误的行为，表示以后会改正。

父母的决心

心理专家与佳佳的父母交换意见，严肃批评了他们拿单位东西的行为，是他们的不良行为给孩子做了坏榜样，要他们深刻反思，给孩子一个交代。父母知道佳佳拿同学东西是受自己的影响后，立刻把东西全部送还单位，同时向佳佳保证以后坚决不再拿单位的东西，要给佳佳做个好榜样。佳佳看到父母的改变后，勇敢地向父母承认了错误，表示以后不会拿同学的东西了，并把同学的东一一归还。

在隐蔽的情况下完成归还

心理专家与老师交换意见，希望老师给佳佳一个改过自新的机会。老师为了不伤害佳佳的自尊心，保护佳佳的隐私，积极帮助佳佳完成了归还工作。在心理专家的建议下，佳佳把拿同学的东西放进信封，附上“对不起”“谢谢”等话语。同学们看见自己的东西神奇地回来了，很高兴，没有人去追问什么，也没有人冷落佳佳，让佳佳平和、自然地改掉了偷拿东西的行为。

班会很重要

为了树正气，老师在班里开展了“诚实做人，促进友谊”的主题班会。同学们积极上台发言，讲了很多做人、做事的道理。

佳佳也发言了，讲得很深刻。

经过心理专家的干预，在老师的配合下，佳佳明白了偷拿同学东西的行为是错误的，并迅速改掉了这个坏习惯。

心理专家对老师的忠告

老师在发现学生有了偷窃行为后，要注意保护学生的自尊心和隐私，采取不点名批评、不报告家人的办法，给学生一个改过的空间。采取审问、侦察的方法，容易激化矛盾，导致严重的后果。老师在询问时，要注意方式、方法，不能粗暴地对待学生，要引导学生加强品德修养，遵纪守法。老师也要适时地提醒学生保管好自己的物品。

心理专家对家长的忠告

家长要以身作则，不能随意贪便宜，不能给孩子做坏榜样，要经常教育孩子：别人的东西不能拿。

心理专家对小学生的忠告

小学生要坚决克服侥幸心理，不要以为拿了别人的东西不会被人发现。俗话说：“要想人不知，除非己莫为。”小学生平时一定要注意思想道德建设，不要有畸形的占有欲，更不能不劳而获；要敢于承认错误，诚恳接受批评。

认真回忆一次，自己成功克服偷窃心理的过程：

逆反与随众心理

1. 心脏病又犯了

情景再现

可可今年9岁了，患有先天性心脏病，医生建议可可进行手术治疗。因为可可的妈妈担心手术有风险，所以采取了保守治疗的方法。医生嘱咐可可要多注意休息，绝对不能生气，不能做剧烈运动，不能熬夜，不能暴饮暴食。妈妈不知道和他说了多少次，可他就是不听妈妈的劝阻。爸爸长期在外工作，电话里也多次告诉可可不要运动过量，可他依旧我行我素。妈妈担心他发生意外，有时就请假在家陪着他。可是妈妈工作很忙，不可能总看着他。只要妈妈一离开，他就偷偷跑出去玩。每次出去，他最喜欢跟同学们一起踢足球。

星期日的下午，可可又悄悄地溜出去了，和同学在外面踢足球。他因为体力消耗过大，突然晕倒了。同学立刻告诉可可的妈妈。妈妈被吓坏了，赶紧叫了120救护车。经过抢救，可可脱离了危险。医生认真地嘱咐可可，要注意休息，如果再犯病的话，可能会有生命危险。回家以后，妈妈时刻看着可可，生怕再发生意外。没过几天，一个同学在楼下喊可可出去玩，妈妈拦着不让他出去。可可没有办法，进屋去学习英语。等到妈妈上厕所时，可可把英语视频的音量放大，又悄悄地溜了出去。出去后，他毫无顾忌地与同学踢足球，结果又被送进了医院，抢救了一天一夜。

医生建议可可的妈妈带孩子去看看心理专家，听听心理专家的意见。

心理导航

心理专家没有直接向可可询问具体情况，而是私下调查了可可的基本情况，终于找到了问题的根源。原来，可可的父亲喜欢足球，在可可小的时候就与可可一起看足球比赛。可可上学以后，班里的几个同学也喜欢踢足球。巧合的是，这几个同学与可可住一个小区，他们从小一块玩，性格、脾气和爱好都相似，感情也很深厚。妈妈和爸爸拦着，不让他出去踢球，他感到很难受。于是，他挖空心思想办法，只要有机会就出去玩。

心理专家认为：可可喜欢足球，可妈妈和爸爸却不准他出去。可可失去了自由，感到很无奈，并产生了严重的逆反心理和行为。我们对此要科学疏导，逐渐让可可认识到自己目前的身体状况不宜进行剧烈运动。

消除诱惑力

足球与同学的诱惑是导致可可逆反的关键，要设法减弱这个诱惑力，才能让可可安静下来。减弱这个诱惑力的好办法是同伴的劝说。事实证明：一些小学生，由于年龄小，思想不成熟，逆反心理严重，听不进去家长的话，可是能听进去同学的话。在心理专家的建议下，可可的父母主动到经常与可可踢足球的几个同学的家里，认真地向同学及同学的父母说明情况，详细地讲述了可可的病情，希望同学们能配合，帮助做好说服可可的工作。这些同学和他们的家长知道可可的病情后，表示会配合做好安抚可可的工作，会和可可进行一些比较安静的活动，如下象棋、军棋、围棋、跳棋等。这些同学还主动提醒可可注意休息，按时吃药，配合医生治疗，让爸爸和妈妈放心。由于没有同学和他一起踢足球了，可可的足球瘾也逐渐减弱了，不再想着外出踢球了。

去医院参观

为了让可可对病情有全面细致的了解，明白自己心脏的现状，心理专家积极与医院心内科的医生联系。医生让可可了解先天性心脏病，并安排可可与几位曾患先天性心脏病现已经康复的同龄人见面，让这些孩子告诉可可应怎样爱护自己的身体。医生还告诉可可，一个10岁的孩子与可可的病情一样，因为悄悄在外面打篮球，使得心脏负荷加重，导致心脏病突然发作，昏倒在篮球场上。听完医生的话，可可顿时感到自己盲目外出踢足球的行为非常危险，表示以后不再做剧烈运动了。

成立读书小组，与同学们一起受益

为了巩固成果，心理专家趁热打铁，与可可的父母找到之前与可可一起踢足球的同学，商量帮助可可的办法。同学们集思广益，想了很多的办法，决心帮助可可。同学们决定以后要多和可可在一起学习、讨论，要多读有益的书，不能再无休止地踢足球了。同学们成立了课外读书小组，约定每天到一个同学家里去读书、学习、讨论。就这样，同学们的学习成绩提高了不少，这也让家长们感到很欣慰。

通过心理专家的干预和父母、同学的共同努力，可可的逆反心理消失了，现在大家可以经常看到可可和几个同学在家里读书、学习、讨论的场景。

心理专家对老师的忠告

老师发现学生有了逆反心理后，要因势利导，防止矛盾激化；要发挥同学的作用，巧妙地做好转变工作；要找准逆反的根本原因，对症下药，从根本上解决问题。

心理专家对家长的忠告

对于体质较差的孩子，家长要想限制他们参与运动与游戏确实有些困难，训斥和堵截的方法不可取，偏激的做法更不可取，应该在调查研究的基础上，找准问题的根本，通过“迂回”的战术，让同伴去做工作，这样问题会容易解决。

心理专家对小学生的忠告

逆反心理不利于个人的身心健康，不利于人与人之间友好关系的建立，任其发展下去会使自己处于孤立的地位，也会让家长受到伤害。

认真回忆一次，自己成功克服逆反心理的过程：

2. 总是跟着别人犯错误

情景再现

下课后，几个爱打闹的同学在楼道里乱跑，11 岁的虎子也跟着参与其中。在楼道的拐弯处，虎子把一个女同学撞倒在地，导致女同学的胳膊骨折。前不久，他看见同学买了一双运动鞋，款式新颖，也让妈妈给他买。妈妈不给他买，他就哭闹，以不吃饭来要挟妈妈。妈妈没有办法，只好给他买了一双。一次，班里举行演讲比赛，一个同学说错了话，几个男生吹口哨、喝倒彩，虎子也跟着做。一天，几个同学悄悄地把玩具拿到学校，他看到后，也学着同学的样子，把玩具带到学校。老师与虎子的妈妈、爸爸进行了沟通。

妈妈和爸爸知道虎子在学校的行为，十分生气，但不知如何处理，只好请心理专家来帮助。

心理导航

心理专家知道虎子喜欢卡通玩具，就与虎子谈起卡通玩具的话题。虎子很开心，心里也不紧张了。他向心理专家说出了自己内心的烦恼。原来，虎子的父母对虎子管教很严，什么事情也不让他做，导致他养成了胆小怕事的性格。虎子平常在学校都是跟着同学玩闹，自己没有什么主意。

心理专家认为： 虎子缺乏独立意识，认识上缺乏主见，自律性差，随众心理明显。这需要我们对其进行科学的引导和教育。

认识随众心理

随众心理，通俗地讲叫“随大溜”，是指群体意识或行为表现出来以后，个体不加思考，不计后果，盲目地服从群体的一种心理与行为。这样的人往往没有自己的原则与立场，没有自己的行为准则，没有独到的见解，容易被人利用，或跟着别人犯错误。随众心理有好有坏，如果群体意识和行为是正确的、积极的、向上的、正义的，就会产生积极的影响；如果群体意识和行为是错误的、消极的、违法的、邪恶的，就会产生消极的影响。

惨痛事件

为了让虎子认识到随众心理与行为的危害，心理专家把虎子带到派出所，请民警给虎子讲案例。民警告诉虎子，前不久，几个中学生比赛骑自行车，在马路上乱钻。小军见同学们都加入了比赛，脑子一热，也骑着自行车加入了比赛。小军为了追赶同学，在超越一辆汽车时，被汽车撞出去很远，后果可想而知。听了民警的话，虎子明白了随众行为的危害，表示自己会下决心克服随众心理和行为。

河边的教训

心理专家把虎子带到郊区的河边，指着河中心的一片水域，给虎子讲了一个真实的事情。前不久，几个小学生来河边抓蝌蚪。他们抓了一会儿后，感到很无聊。当天，天气闷热，几个年龄大一些的学生便脱了衣服下河游泳。胆子小、不会水的小明也跟着同学下河游泳了，最终，不幸溺水身亡。

多与健康的学生交往

心理专家建议虎子要学会思考，善于分析，知道自己该干什么，不该干什么，要做一个有主见的孩子；平时要多与爱学习、思想积极、懂礼貌、守纪律、讲卫生、讲团结的好学生交往，多向好学生学习。俗话说：“近朱者赤，近墨者黑。”交友要谨慎，要坚持以下几个原则：一是缺乏法纪观念的同学不能交；二是不孝顺父母、不尊重老师的同学不能交；三是铺张浪费的同学不能交；四是不好好学习的同学不能交；五是讲脏话、爱打架斗殴的同学不能交；六是抽烟、喝酒的同学不能交；七是有赌博行为的同学不能交。这对个人的成长是很重要的。

父母的转变，不能越俎代庖

心理专家建议虎子的父母要适当放手，不能什么事情都管，更不能越俎代庖。越俎代庖会限制孩子的思考能力、判断能力和胆量。要培养孩子的分析能力、学习能力、明辨是非的能力和解决问题的能力。虎子的父母接受了心理专家的建议，开始有目的地锻炼虎子，让虎子分担家务，还让虎子独自去超市买一些家里需要的物品。虎子还自己乘坐公共汽车去姥姥家，各方面有了很大的进步。

记事本的重要性

心理专家建议虎子的父母准备一个记事本，把虎子每天独立完成的事记录下来，总结经验，鼓励虎子发扬优点，弥补不足。每个星期要给虎子看一次记事本，让虎子知道自己可以独立做很多事，而且做得很好，从而让他树立信心。

通过心理专家的积极干预，虎子认识到随众心理与行为的本质，明白了以后自己该怎么办，该交什么样的朋友，渐渐地克服了消极的随众心理。

心理专家对老师的忠告

老师对于学生中存在积极的、有益的随众心理与行为应该鼓励和提倡，引导学生参与进来，调动学生的积极性；对于学生中存在的消极、盲目随众的心理，要及时说服引导，讲清利害关系，告诉他们不能人云亦云、盲目跟风。老师要创造良好的班集体环境，形成正气，引导学生多做积极的、有意义的事情。

心理专家对家长的忠告

家长教育孩子要讲究方法，既要严格，又要适当宽松；既要教孩子做人，又要教孩子做事。家长要尽早让孩子学会思考，鼓励孩子要有自己的想法和做事准则。

心理专家对小学生的忠告

小学生在平时要注意学习，提高认知能力和动手能力；要始终坚持正确的观点，分清是与非，不为外部因素所干扰，更不屈从于他人，要有自己的行为准则。

认真回忆一次，自己成功克服随众心理的过程：

爱占小便宜与孤独心理

1. 经常借同学的东西不还

情景再现

快考试了，五年级学生小鱼有几道算术题不会做，想找学习好的同学帮忙，可是没有一个同学愿意帮她。小鱼在一旁急得直哭。每次考试，她的成绩都很不理想。

一天，放学后，她忘记了老师布置的作业，赶忙打电话问同学，可同学不怎么搭理她。最后，小鱼没有完成当天的作业。

一次，班里开展社区环保活动，老师要求同学们根据家庭住址情况，自己组织环保小组，可同学们谁也不愿意跟小鱼在一组。小鱼感到很孤独，便没有参加环保活动。回家以后，小鱼不吃不喝，把自己关在房间里生闷气。

妈妈劝小鱼不要伤心，她担心小鱼想不开，便请来心理专家帮忙。

心理导航

心理专家采取诱导法，让小鱼敞开心扉。原来，小鱼的妈妈过日子很仔细，特别爱占小便宜，与同事、亲人吃饭，或是外出活动买票，从不主动买单。受妈妈的影响，小鱼也特别爱吃同学的零食，爱跟同学借东西，经常是借了不还。同学追着要时，她说忘记了，或者干脆说没有借。时间一长，同学们都不愿意与她玩了。她非常想融入同学们的圈子，想得到同学们的尊重，可是，现在谁也不愿意和她玩，这让她感到很痛苦。

心理专家认为：小鱼受妈妈的影响比较大，平时经常借同学的东西，吃同学的零食，并逐渐形成习惯，出现爱占小便宜的心理与行为。这需要我们对其进行科学的疏导与教育。

认识爱占小便宜的心理

心理专家耐心地给小鱼讲了很多为人处世的道理，让小鱼明白了爱占小便宜的心理是狭隘的心理。爱占小便宜的习惯危害很大，它会严重影响同学之间的团结与交往，破坏同学之间的感情与和谐，导致同学之间的关系紧张，使自己处于被孤立的状态。如果不及时改变爱占小便宜的心理与行为，发展下去，会导致私欲膨胀，患得患失，甚至会出现损人利己、坑害他人与集体的行为。另外，如果学生把爱占小便宜的心理与行为带到成年的阶段，会影响家庭幸福，影响亲人之间的感情。

深刻的教训

心理专家请来一位法官，给小鱼讲述了一个让人震惊的案例。一个侵占公司财务的人在悔过书中这样写道：“我因侵占公司的钱款，受到法律的惩罚。我这种行为，与我小时候爱占小便宜有关系。上小学时，当我吃了同学的零食，用了同学的东西，我就觉得十分兴奋。时间一长，我便养成了爱占便宜的坏习惯。长大以后，到了工作单位，我就想占单位的便宜，以至于不能控制，最终在爱占小便宜心理的支配下，私自挪用了公司的钱款，走上了犯罪的道路。希望人们能以我为戒，千万不要因贪小便宜而犯大错。”

妈妈的改变

心理专家与小鱼的妈妈认真交谈，希望小鱼的妈妈能改变爱占小便宜的心理与行为，给小鱼做个好榜样。妈妈知道小鱼爱占小便宜的行为与自己有关系时，非常后悔，表示一定改掉这个不良的心理与行为，以后与人交往时，要做到“礼尚往来，各有付出”。妈妈的及时转变，对小鱼产生了很大的影响。小鱼逐渐变得大方起来了，也明白了为人处世的道理。

老师的帮助

心理专家与小鱼的班主任老师交换了意见，希望班主任老师帮助小鱼改掉爱占小便宜的心理和行为，努力营造阳光、快乐、积极、健康、团结的班集体氛围。班主任老师很重视心理专家的意见，经过精心准备，利用节假日，开展了一系列的活动。通过参观革命历史展览馆、听老革命讲战争年代的故事等活动，同学们深受教育，明白了如何做人，做什么样的人。小鱼深有感触，成长得特别快，不仅不占同学的便宜了，还主动帮助有困难的同学，也积极参加班集体活动，与同学的关系得到了明显的改善。

铅笔盒里的秘密

在心理专家的指导下，小鱼写了一个小纸条。纸条的内容是：远离爱占小便宜的行为，伸出热情之手帮助同学。小鱼将小纸条放到铅笔盒里，只要翻开小纸条，就能看到纸条上的内容，随时受教。

在心理专家的帮助下，小鱼明白了做人的道理，知道了如何与同学相处，很快就赢得了同学的信任，并与同学建立起了深厚的友谊。

心理专家对老师的忠告

老师既要给学生传授知识，还要教给他们做人的道理，要根据学生的年龄特征，及时、主动、有针对性地开展教育，让他们和睦相处、互助互爱。这可以让他们终身受益。

心理专家对家长的忠告

家长是孩子的一面镜子，一定要让这面镜子保持清洁，这是教育孩子之本。有一句话说得好，家长想让孩子成为什么样的人，自己就先做这样的人。

心理专家对小学生的忠告

小学生要加强学习，提高素质，树立正确的义利观，严于律己；明白人格尊严是最重要的，明白吃亏是福的道理。

认真回忆一次，自己成功克服爱占小便宜心理的过程：

2. 每逢节假日，总是偷偷地哭

情景再现

小棋今年10岁，父母离婚了，她和妈妈生活在一起。“十一”长假到了，妈妈有事外出，出发前叮嘱小棋在家好好学习，不要乱跑。放假本来是件高兴的事，可是小棋却高兴不起来。妈妈不在家，她独自待在家里，偷偷地哭了好几次。她饿了就吃点方便面，困了就躺在沙发上睡觉，心里很孤独。夜里11点，妈妈外出回来，发现小棋的房门紧闭。她急忙敲门，问小棋有没有吃饭。小棋没有回答。妈妈感到情况不对，强开房门后，发现小棋捂着被子在墙角里哭泣。妈妈赶忙上前安慰她，关心地询问具体情况。小棋摇着头，一句话也不说。为了避免小棋发生意外，第二天，妈妈把小棋带到了心理专家面前。

心理导航

心理专家见小棋很悲伤，没有急着开口问话，而是让小棋观看了一部动画片《企鹅》。幽默、诙谐、快乐、善良、单纯的企鹅，风趣的情节设计和欢快的音乐，一下子就吸引了小棋的注意力。一个小时后，小棋露出了笑容，有了表达的欲望，把心中的委屈全部说了出来。原来，小棋是单亲家庭，爸爸和妈妈离婚以后，爸爸就搬了出去。妈妈不允许爸爸来看她，也不允许她去看望爸爸，人为地把小棋与爸爸隔离开。小棋很想爸爸，很想在假日里和爸爸一起出去玩。平时放学时，她看见同学的爸爸来接同学，心里有种说不出的滋味。

最近，妈妈有了新的生活，不怎么关心她了，很少与她交流。她觉得生活变得更加艰难，每天都在受煎熬。

心理专家认为：小棋生活在单亲家庭，缺失父母双重的爱，再加上母亲有了新的生活，忽视了她的存在，使小棋对生活失去了信心。这需要我们及时给予小棋安慰和帮助。

妈妈的改变

心理专家把小棋的内心状况告诉了小棋的妈妈，希望妈妈不要人为地把孩子与父亲隔离，要让小棋与父亲经常见面，要让小棋得到父亲的爱。虽然父母不在一起了，但是血缘亲情不能被割断。如果长期不让小棋见爸爸，不让小棋与爸爸交流，小棋的心理会发生变化，会产生严重的健康问题。妈妈知道了自己存在的问题，立刻改正了之前的错误做法，主动与小棋的爸爸联系，希望小棋的爸爸经常来看望小棋，与小棋交流，带小棋外出游玩。平时，小棋的爸爸很想与小棋交流，只是小棋妈妈不同意。从那以后，小棋的爸爸经常会带小棋去游乐园玩，去动物园看老虎、猴子、大象和梅花鹿，陪小棋滑轮滑，小棋也渐渐地感到了生活的快乐。

培养兴趣

心理专家建议小棋的妈妈根据小棋的兴趣爱好，从培养她的兴趣入手，让她的业余生活充实起来。小棋的妈妈认真征求了小棋的意见以后，决定让小棋参加一个素描班，每周末带小棋去学习素描，学习人物、动物、植物和自然景观的画法。小棋与几个一起学素描的同学成了好朋友，有说有笑，心情十分愉悦。假期，爸爸带着小棋去郊区写生，完成了很多动植物的素描作品，既让小棋体验了生活，提高了画技，又增进了父女之间的感情。

班集体的力量

心理专家找到小棋的班主任老师，向她说明了小棋的心理状况。根据心理专家的建议，班主任老师经常会组织同学们读书，让同学们写心得体会；让同学们把业余时间利用起来，开展社会实践活动，了解社会，了解人生；让同学们开展“手拉手，心连心”的活动，互相谈心，增进友谊。由于班里的活动增多，同学们的友谊也随之深厚，小棋真正感觉到了集体的温暖与快乐。

小姨的关爱

小棋的小姨单身一人，平时工作很规律，小棋的妈妈邀请小姨搬过来住，与小棋多交流。小姨很喜欢小棋，每天与小棋交流，辅导小棋的学习，与小棋谈天说地，一起跳绳、踢沙包、打羽毛球、干家务活，她们生活得十分快乐。

心理专家根据小棋的心理状态，积极干预，经过多方共同努力，让小棋的孤独感很快就消失了。

心理专家对老师的忠告

老师是学生的引路人，不仅要关注学生的学习情况，还要关心学生的身体与心理健康情况。如果老师发现学生有了孤独心理以后，就要调整教学方式，增加业余活动，让班里的学习气氛浓厚起来。

心理专家对家长的忠告

家长是孩子一辈子的老师，要时刻关注孩子的心理健康。即便夫妻不在一起，也不能忽视孩子的存在，要根据孩子的年龄和心理特点，共同帮助孩子走出成长中遇到的困境。

心理专家对小学生的忠告

小学生要让自己坚强起来，明白自强、自立的道理；要积极培养自己的兴趣，丰富自己的业余生活；要主动把心里的话说给家长、老师听，不要积在心中；要多参加班集体活动，把自己融入集体生活中。

认真回忆一次，自己成功克服孤独心理的过程：

自卑心理

1. 几次晕倒在路边

情景再现

12 岁的小英身高 1.5 米，体重却达到了 130 斤，走起路来感觉很吃力。为了减肥，小英只吃一点点，鱼、肉之类根本不吃，馒头、米饭也不敢多吃，整个人非常虚弱，面色也很难看。最近，她竟然在上学的路上晕倒了，情况非常严重。小英被同学送到医院治疗，医生说小英是因营养不良导致的晕倒。

星期天，她去姥姥家玩姥姥看到她吃得非常少，与平时大相径庭，就向小英的妈妈说起了此事。小英的妈妈要求她多吃些，可是小英不听。没过几天，小英又出现了晕倒的情况。

小英的妈妈认为小英的心理可能出了问题，便寻求心理专家的帮助。

心理导航

在心理专家面前，小英没有任何保留，主动开了口，详细地说出了自己多次晕倒的原因。原来，自从升入六年级以后，同学们开始注意服饰美了，女生经常私下议论谁的衣服漂亮，谁的裙子漂亮，谁的鞋子好看，谁的体形好看，谁的鼻子好看，谁的嘴唇好看，谁的眼睛好看等等。她内心特别希望同学们能夸奖她，说她的衣服漂亮，说她的眼睛好看。可是，由于自己胖，穿什么衣服也觉得不合适，她听不到任何同学对自己的夸奖，心情沮丧，特别自卑，所以拼命节食，悄悄地把中午饭倒掉，想让身体快点瘦下来。

心理专家认为：小英处于青春期，对美有了追求，看到自己的状况，有了自卑心理。这需要我们对其进行科学的引导和教育。

胖瘦都一样，只是欣赏角度不一样

为了不让小英有更大的心理压力，心理专家首先告诉小英每个人都爱美，喜欢漂亮衣服是天性，尤其是青春期的女孩子，希望美、喜欢美、喜欢苗条，不要过于紧张，人要有自信心，“身体发肤，受之父母”，胖瘦都好看，没有什么区别，只是欣赏角度不一样。史料记载，唐朝时，人皆以胖为美，所以，千万不要给自己套上精神枷锁。小英听到这些话，心中敞亮了许多。

与专家讨论美

心理专家请来一位美学专家，与小英认真讨论起美的问题。美学专家找来资料，把图片给小英看，恰到好处地给小英讲了形体美学知识，讲了服饰美学，讲了古今中外人们对美的理解，讲了人与自然美的内在关系，讲了气质、文化素养与美的关系等等。小英认识到人体的自然美和气质美很重要，对形体美有了深层次的理解。

主题班会

心理专家主动与小英的班主任老师取得联系，班主任老师非常重视此事。在一次参观英雄模范人物事迹展览后，班主任老师适时地在班里开展了“心灵美最重要”的主题班会。同学们通过诗歌、三句半、小品和相声的形式，体会到了美的真正含义和做人的道理，知道了小学生应该追求什么，树立什么样的人生观。从此，同学们在班里不再议论穿着、体形的事情了，而是更多地讲学习、讲环保、讲纪律、讲团结、讲友谊了。小英的心态也平和了，对体形也不再那么较真儿了。

异常控制饮食的危害

心理专家找来医生，认真地给小英讲了异常控制饮食会产生的严重后果。医生让小英看了营养食谱图表，小英明白了小学生一天应该正常摄入的食物量，如果摄入量不够，会严重影响身体发育，同时还容易引发其他方面的疾病，甚至危及生命安全。如果身体不健康了，美又何从谈起呢？

专家讲减肥

心理专家请来减肥专家，耐心地告诉小英科学的减肥方法。减肥专家重点指出，真正的减肥要通过长期的、科学的、系统的、持久的运动来实现，而不是靠节食、吃减肥药。这让小英认识到了之前用节食的方法来减肥的危害。在减肥专家的指导下，妈妈为小英制订了一个科学的减肥计划，母女二人立即开始了系统的锻炼。

心理专家对老师的忠告

老师如果发现学生因为某些原因有了自卑心理后，要给予学生更多的理解、帮助、关心与爱护；要创造良好的班集体环境，把学生的思想基础打牢固，让学生多关注学习；要给学生更多的锻炼机会，让他们敢于实践，积极思考，明白美的真正内涵。

心理专家对家长的忠告

家长要学习一些儿童心理学知识，全面掌握孩子的心理特点。随着年龄的增长，孩子对美会产生向往与幻想，有时面对同学的美，会非常羡慕。特别是处于青春期的孩子，对于美更是充满“无限”的遐想，如果家长引导不好就容易出现极端问题。因此，家长要高度重视。在孩子体形的问题上，家长要密切关注孩子的心理变化，应该主动与孩子交流。家长要关注孩子的饮食，防止孩子出现异常节食的情况。

心理专家对小学生的忠告

所谓自卑就是自己轻视自己，对自己没有自信心。小学生只要战胜了自己，就能战胜自卑心理。自卑的危害很大，对于个人成长进步很不利。小学生要树立自信心，不要怀疑自己、否定自己；要多参加集体活动，培养自己坚强的性格。

认真回忆一次，自己成功克服自卑心理的过程：

冷漠与敏感心理

1. 脸上没有表情，对什么都没有兴趣

情景再现

9岁的大兵最近变了，变得不怎么爱说话了，脸上也没有什么表情，对学习也没有兴趣了。一天，班里组织同学合唱，他说自己肚子不舒服。一次，班里举办个人才艺展示，班长号召同学们积极参加，把作品挂在展板上，他说自己没有作品。其实，大兵画得很不错。

“六一”儿童节到了，班里组织庆祝活动，老师让每个同学表演一个节目，他又说自己头疼。学校组织拔河比赛，以他的身高、体重来说，他是最适合的人选之一，可是他以胳膊扭伤为由拒绝了。渐渐的，同学都不愿意与他交往了，他也变得越来越冷漠。

放学回到家里以后，大兵也不怎么说话，总把自己关在屋子里。大兵整天不怎么说话，表情也很冷漠。

看着大兵的样子，妈妈很着急，担心大兵心理出问题，就把大兵带到心理专家面前。

心理导航

心理专家先给大兵播放了一曲激情四溢的交响乐。半小时后，大兵的脸上有了些表情。随着乐曲的起伏，他跟着哼了起来。而后，大兵主动与心理专家交谈起来，向心理专家说出了心中的烦恼。原来，最近妈妈和爸爸总是吵架，让他深感恐惧，也让他认为以前父母对他的爱都是假的。在学校，他特别喜欢老师奖励的“小笑脸”，总想多得几个，可是努力几次也没有得到，最后，心灰意冷，再也不想得到“小笑脸”了，也不愿意与同学玩了，更不想参加集体活动了。

心理专家认为：大兵因父母吵架，心理上受到了不良刺激；在学校没有得到老师奖励的“小笑脸”，一次又一次地感到失落和无奈，出现了冷漠心理，需要及时解决。

老师的鼓励

心理专家找到大兵冷漠的主要原因后，主动与大兵的班主任老师说明情况，希望班主任老师配合心理专家帮助大兵摆脱冷漠的心理。班主任老师很有爱心，知道大兵的家庭情况以后，给予了大兵更多的照顾和鼓励。为了调动大兵的积极性，让大兵的心“热”起来，老师还发动中队干部开展“手拉手，一帮一”活动。中队干部和几个热心的同学主动找大兵谈话，交流思想，互相学习，一起娱乐，让大兵有了家的感觉。一次，学校进行黑板报评比，班主任老师意在发挥大兵绘画的特长，让大兵独自创作此次的黑板报。大兵觉得老师、同学很信任自己，所以努力出好了黑板报，赢得了评委的一致好评，为班集体争了光。

父母的变化

心理专家分别与大兵的父母进行了沟通，告诉他们大兵的冷漠行为与他们吵架有直接的关系。大兵的父母认识到了吵架对孩子的危害，向大兵道歉，希望大兵理解父母。为了尽快让大兵开心起来，父母制订了与大兵外出活动的计划，让大兵感受到父母对他的爱，感受到家庭的温暖。

培养兴趣

心理专家根据大兵的个人爱好，建议大兵参加一个绘画班，系统地学习绘画。大兵的爸爸每周带大兵去美术学校学习绘画。在专业老师的指导下，大兵的绘画技能提高得很快。一段时间后，大兵的状态有了很大改观。

通过心理专家的干预以及老师、同学们的积极配合，家长的努力，大兵的脸上露出了久违的微笑。

心理专家对老师的忠告

老师发现学生有了冷漠心理与行为以后，要认真调查了解，根据学生的实际情况，尽可能地给予学生鼓励与支持，给学生创造温暖、爱意浓浓的环境，让学生摆脱冷漠，健康、快乐地成长。老师也可巧妙地动员班干部、同学帮助有冷漠心理的同学，让其感受到班集体的温暖。

心理专家对家长的忠告

家长的言行对孩子的心理影响很大，有些话要避开孩子说，有些事要避开孩子做，不要无形中伤害了孩子，导致孩子心灰意冷，对生活失去信心。家长要给孩子创造温暖的学习与生活环境，多与孩子交流、沟通，让孩子在快乐的环境中健康成长。

心理专家对小学生的忠告

小学生要正确对待荣誉，自然地面对一切，不要太计较个人得失；要热爱生活、热爱大自然、热爱身边的人，不要把自己封闭起来；要主动与家长、老师、同学交流思想，把心中的不快释放出去；要多读书，开阔视野，学会思考，全面提高心理素质。

认真回忆一次，自己成功克服冷漠心理的过程：

2. 妈妈问分数，认为妈妈在施压

情景再现

雪梅 12 岁了，最近与妈妈的关系比较紧张，对妈妈态度冷淡，不愿意和妈妈说话。对此，妈妈很着急，夜里哭了好多次。雪梅为什么不与妈妈说话呢？原来，前几天学校期中考试，妈妈问雪梅的考试分数，并问她在班里是第几名，第一名是谁，得了多少分。雪梅听了很反感，认为妈妈就认分数。一天，学校组织英语口语比赛，妈妈问她的成绩如何，得了什么奖，谁是冠军。雪梅认为妈妈只考虑分数，不关心自己。接下来的几天，她不怎么说话，也不怎么吃饭。妈妈担心雪梅发生意外，主动找学校的心理专家交换意见，希望心理专家帮助解决问题。

心理导航

心理专家很重视雪梅的心理变化，在见到雪梅后，并没有主动问话，而是把雪梅带到自己家，让雪梅看猫妈妈生下的几只可爱的小猫。雪梅看着这几只可爱的小猫，一下子就开心起来。渐渐的，雪梅逐渐与心理专家拉近了距离，主动向心理专家说出了心中的秘密。原来，妈妈特别希望她能考出好成绩，所以平时特别关心她的考试分数。如果雪梅考好了，妈妈就高兴，做好吃的，她要什么给什么；如果雪梅考不好，妈妈就不开心，脸色很难看。所以，雪梅压力非常大，对妈妈问分数的话题特别敏感。只要妈妈问分数，她心里就紧张，就反感。

心理专家认为：雪梅的妈妈对雪梅的分数比较关心，无形中给雪梅造成了巨大的心理压力，导致雪梅对于分数的话题很敏感，出现了反抗行为。这需要我们及时对其进行疏导。

猫妈妈的启示

心理专家借助猫妈妈给小猫喂奶的情景，给雪梅讲了母爱的伟大。为了小猫能健康成长，从小猫降生的时刻开始，猫妈妈就用舌头舔小猫的身子，把它们的身子舔得干干净净。由于小猫多，猫妈妈累得无法站立，即便是饿着肚子，也要趴着全部舔完小猫身上的黏稠之物，以避免小猫发生肺部感染。猫妈妈很伟大，对小猫的爱是无私的。我们人类的母亲更伟大，十月怀胎时，天天期盼着孩子出生，“月子”里顾不上休息，全身心地照顾孩子，生怕孩子出一点问题。孩子到了上幼儿园的年龄，妈妈起早贪黑送孩子去幼儿园，还培养孩子学习各种技能。人要有感恩之心，孩子不能总认为是妈妈对不起自己，要想想自己是不是考虑过妈妈的感受。心理专家一番劝导的话，感动了雪梅。

母亲的信

心理专家与雪梅的妈妈交换意见，并指导雪梅妈妈如何与雪梅沟通，如何得到雪梅的尊重和认可。按照心理专家的建议，雪梅的妈妈给雪梅写了一封信，由心理专家转交给雪梅。信的内容是：

雪梅爱女，妈妈特别爱你，自从有了你，我再苦再累也幸福。我经常问你分数的本意不是给你压力，是关心你、爱护你，希望你做一个优秀的人。妈妈这样做会给你带来压力。妈妈因忽略你的感受向你道歉。以后只要你努力学习，妈妈就不会那么在意你的成绩了。妈妈不懂孩子的心理，如果伤害到你的心灵，请你原谅。爱你的妈妈。

看完妈妈的信，雪梅流下了眼泪，哭着向妈妈说：“我爱你！”

轻松的家庭环境

为了减轻雪梅的心理压力，在心理专家的建议下，妈妈不再追问她的考试分数了，而且每天抽出一些时间，在小区的花园里，与雪梅打羽毛球，母女俩成了无话不说的好朋友。雪梅说说学校的事，妈妈说说单位的事，最后母女俩互相鼓励，互相祝福，非常快乐。雪梅真正感受到了母亲的爱，也感受到了家庭的温暖。

读书很重要

在心理专家的建议下，雪梅的妈妈购买了很多书籍。每天晚上吃完饭，母女俩都会读一会儿书，而后交流心得体会。通过读书，雪梅学会了如何思考问题，学会了感恩，知道了如何面对考试和分数。雪梅读书后，学会了写读书心得，写作水平也大大提高了。

心理专家根据雪梅的心理特点，通过系统调整，逐渐使雪梅克服了敏感心理。

心理专家对老师的忠告

学生有了敏感心理以后，老师要以积极的态度帮助学生。老师要主动与学生谈心，交流思想，了解学生的内心世界；要主动给学生讲解心理学知识，让学生知道敏感心理的危害与后果，越早克服越好；要给学生创造宽松、团结的班集体环境，逐渐让学生自信起来。

心理专家对家长的忠告

家长说话、做事要三思而后行，如果言行不当，对孩子的影响很大，这一点要引起重视；要给孩子树立好榜样，遇到事情要坚定、果敢、自信和宽容，让孩子在父母身上学到自信和坚毅；要与孩子成为朋友，为孩子营造轻松的家庭氛围。

心理专家对小学生的忠告

小学生要加强学习，提高综合素质；要善于理解别人，学会换位思考，积极消除误会；要多锻炼自己的胆识，多参加集体活动，多接触社会，思维开阔了，敏感的程度就会下降。

认真回忆一次，自己成功克服敏感心理的过程：

“小喇叭”与懒惰心理

1. 被同学教训

情景再现

11岁的大宇是个“情报员”，什么事情都爱问，然后四处传播，弄得班里乌烟瘴气。老师与他沟通，谈他传播同学的隐私，影响同学团结的行为，但他屡教不改。

前几天，一个同学的父亲出了事。大宇与这个同学住一个小区，最早知道了此事。第二天，他就在同学中传播了这件事，同学知道大宇散布他家的隐私后，恼羞成怒，用拳头打了大宇。大宇为他的错误行为付出了代价。老师在同情他的遭遇的同时，也指明了他传播隐私、伤害同学自尊心的错误行为。

大宇的妈妈也多次说大宇的这个问题，大宇就是不改，最终闹出这样的严重后果。大宇的妈妈觉得他可能是心理出问题了，于是找到心理专家寻求帮助。

心理导航

心理专家没有直接批评大宇传播谣言的言行，而是和大宇谈起了足球。大宇对足球最感兴趣，话匣子打开以后，他把心中的秘密说了出来。原来，大宇在家里被妈妈管得很严，没有任何表现的机会，心里很压抑。为此，他特别渴望在学校里成为同学眼中的核心人物，可是自己也没有什么特殊的技能，学习成绩也不怎么好，只好通过“小喇叭”引起同学的关注，让同学知道他与众不同，心里就满足了。

心理专家认为：大宇从小受妈妈的严格管束，心中很压抑，为了缓解压力，展现自己，总是热衷于“小喇叭”广播。这需要我们对其进行认真的教育与正确的引导。

“小喇叭”广播的危害

心理专家对大宇讲了“小喇叭”广播的危害与严重后果，使大宇明白了“小喇叭”广播其实就是散布谣言，招惹是非，危害很大。其实，谣言比刀子要狠得多，能让人痛苦万分，倍受折磨。谣言会使同学之间的矛盾增加，导致同学之间互相猜疑。喜欢散布谣言的同学，一般都有爱表现、忌妒、自私的心理；一般是家庭不幸福，缺少温暖的。这种心理要及早克服。

人生观教育

老师及时在班里开展了人生观教育，并结合课本中的内容告诉同学们团结、友谊、真诚的重要性。为了增进教育效果，老师带同学们到革命历史博物馆，学习革命历史，观看我国的成就展。同学们认真听讲解员的讲解，看着图片和视频，明白了今天的幸福生活来之不易，明白了革命情、战友情和兄弟情的真实含义。大宇知道了自己的错误，主动向被他的“小喇叭”广播伤害过的同学道歉，并且得到了同学们的原谅。

家庭书香很重要

妈妈的教育态度也变了。妈妈创建了家庭图书角，买了很多文学、历史和励志方面的书籍。每天晚上，大宇和父母一起进入家庭图书角读书、讨论。大宇自由地发表意见，不再拘束和压抑。通过家庭读书活动，大宇的认知水平有了很大的提高，他明白了很多做人的道理，知道了什么是道德，什么是君子，逐渐提高了个人的修养。

通过心理专家的干预，老师的积极配合，家庭环境的改变，大宇的“小喇叭”广播的问题解决了。此后，大宇再也没有出现此类问题。

心理专家对老师的忠告

老师要适时对学生开展人生观教育，让学生知道做人的根本；要让学生知道造谣的危害与严重后果；要教育学生提高修养和道德水平，做一个重诚实、重友谊、重团结、重声誉的学生。

心理专家对家长的忠告

家长要关注孩子的思想道德情况，把道德教育放在首位，创建书香家庭，经常开展读书活动，让孩子在读书中进步，明白做人的道理，知道什么是荣、辱，自觉抵制“小喇叭”广播的行为。

心理专家对小学生的忠告

小学生平时要注意学习，提高思想道德水平；要认清造谣的危害和严重后果，坚决不做害人害己的事；要尊重同学，关心同学，真诚与同学相处。

认真回忆一次，自己成功克服“小喇叭”广播的心理过程：

2. 自己的房间里脏乱不堪

情景再现

12 岁的小山不爱劳动，特别爱睡觉，袜子、脚丫几天不洗，被子也不叠，自己的房间气味难闻。房间里东西摆放很乱，衣服乱扔，鞋子乱放，台灯、落地灯、电脑的电线凌乱地缠绕在一起，书本被扔得到处都是，卷子东一张、西一张，让人没有下脚的地方。妈妈经常说小山的房间乱，帮他打扫了几次，可是他很反感，说妈妈把他的卷子弄丢了，书本找不找了，影响了学习。从此，妈妈不再给小山的房间打扫卫生了，他的屋子更乱了。

一天深夜，他起床去卫生间，没有开灯，走路时，不小心被落地灯的电线绊倒了，摔在地板上半天没起来。幸亏妈妈及时发现，连夜将他送去医院抢救，没有造成严重的后果。

从医院回来后，小山的房间里还是很乱，妈妈督促他把房间的卫生打扫好，把东西归置整齐，但他很反感妈妈的唠叨。为了让小山学会整理房间，妈妈把心理专家请到家里来，与小山交谈。

心理导航

心理专家采取自然诱导法，让小山敞开了心扉。原来，小山的爸爸特别爱睡觉，什么活也不愿意干，脚也不愿意洗，家务都是妈妈做。他受爸爸的影响，也爱睡觉，也不愿意干活，也不愿意洗脚，更不愿意收拾房间。

心理专家认为：小山从小受爸爸的影响，没有养成良好的生活习惯，更没有安全意识和卫生健康意识，养成了懒惰心理。这需要我们对其进行科学的教育。

认识懒惰心理与行为的危害

心理专家严肃认真地告诉小山懒惰心理与行为的危害，使小山明白了什么是懒惰心理，具体危害是什么；知道了懒惰会使人丧失斗志，虚度光阴，甚至会错过很多难得的机会。懒惰的人一般是不思进取的人，长此以往，不仅自己感觉百般无聊，还会失去朋友。有谁愿意与懒惰的人交朋友呢？有谁会把重要的事情交给懒惰的人干呢？有哪个单位愿意聘用懒惰的人呢？俗话说：“一屋不扫，何以扫天下？”

守株待兔的寓言

心理专家用电脑给小山播放了一个视频：一个农夫在种田，突然，一只兔子惊恐地跑来，不小心撞死在树桩上。农夫捡到兔子，高高兴兴地回家了。吃着炖好的兔子肉，农夫异想天开：“如果明天再有一只兔子撞到树桩上该多好啊，这样就不用劳动了。”第二天，他不去种田了，而是靠在树桩上等兔子，等了一天没有等到，第三天继续等，还是没有等到兔子。最后兔子没有等来，他的农田却荒废了。小山看完这个视频，很受教育。

火灾的启示

心理专家带小山去观看《预防火灾宣传栏》，一个血的教训，让小山彻底醒悟：有一个小学生，从不打扫卫生，衣服、书籍、本子到处都是，电线乱拉，他的房间很乱，半夜电线短路，引发了大火，不仅烧伤了自己、家人，还把邻居家的房子也烧了，造成了重大损失。

医生讲解卫生健康知识

心理专家把医生请来，给小山讲解卫生防病知识。小山明白房间要经常打扫、通风，要勤洗手、脚和袜子，还要多参加户外运动，不要贪睡，以免影响身体发育。

爸爸的改变

心理专家与小山的爸爸认真地谈话，希望小山的爸爸改变不良的生活习惯，给孩子做个好榜样。小山的爸爸知道了自己的不良习惯影响了小山，决定马上做到：不贪睡，主动干家务，打扫室内卫生。平时只要有时间，爸爸就带小山去户外活动，科学地锻炼，并教小山做家务的技巧。小山也不贪睡了，开始自觉地做家务，把房间也整理好了。

通过心理专家的积极教育，小山变得勤快了，懒惰心理的问题基本解决了。

心理专家对老师的忠告

老师在教育学生的过程中，要让学生知道懒惰会产生的危害；要让学生养成勤劳的好习惯；要结合教学情况，在班集体中创造良好的学习氛围，以此激励学生。

心理专家对家长的忠告

家长的行为很重要，要给孩子树立好榜样；生活规律，勤俭持家，珍惜时间；要经常给孩子灌输劳动最光荣的观念，让孩子崇尚劳动，热爱劳动，善于劳动。

心理专家对小学生的忠告

小学生要加强学习，养成良好的生活习惯与卫生习惯，一生受益；要明白好习惯决定一生的道理，下决心克服懒惰心理，用理智、勇敢、坚韧的自我战胜懒惰的自我。

认真回忆一次，自己成功克服懒惰心理的过程：

畏难心理

1. 不想学英语

情景再现

满满今年11岁。为了让他学习英语，提高综合素质，也为他将来考学打基础，妈妈为他报了英语课外班。几节课下来，满满感到太吃力了，不想背单词，更不愿意朗诵英语，觉得英语没有意思，难受得要命。

课外班的英语老师说，学习英语需要循序渐进，不能着急，只要坚持学，一定能学好。满满感到很痛苦，觉得学英语太难了，执意不肯学了。爸爸对满满的表现很生气。满满用不吃饭的方式向爸爸抗争。妈妈担心满满的状况，立刻向心理专家寻求帮助。

心理导航

心理专家为了让满满消去心中的积郁，将满满带进心理发泄室，让他痛痛快快地发泄了一阵子。待满满心情舒缓些后，两人愉快地交谈起来。原来，满满背英语单词时，总是今天背了明天就忘，且发音也不准确，经常被同学耻笑，自己感觉学起来很痛苦、很吃力，所以对学英语失去了兴趣。

心理专家认为：满满因为怕背诵英语单词，所以有了畏难心理。这需要我们对其进行认真的鼓励和引导。

认识畏难心理与行为的危害

心理专家耐心地给满满讲了很多心理学知识，让满满开阔了眼界，懂得了很多道理。英语学几天，觉得有困难就不学了；作文写不好，就不愿意写了；数学题算不对，就不愿意算了，这些都是畏难心理的表现。畏难心理与行为严重限制人的主观能动性的发挥，使人失掉斗志、失掉进取心。长此以往，人将会一事无成。畏难心理是小学生在前进路上的绊脚石，是考验人的意志的试金石。小学生要设法战胜畏难心理，积极进取。

外交家的故事

心理专家为了激发满满的斗志，给满满讲了一个故事，让满满收获颇丰。中华人民共和国成立初期，一位外交家为了把英语学习好，为了对外大力宣传我们国家，让全世界了解中国，他每天熬夜学习英语，抓紧点滴时间背诵单词，窗户的玻璃上、写字台上、门上、镜子上贴得到处都是英语单词的便笺。他在起床时就背几个单词，开会间隙也背几个单词，照镜子时也背几个单词，还主动向英语老师请教发音。半年的时间，他就掌握了三千多个单词，可以熟练地用英语与人交谈了。在外交谈判过程中，他为祖国争了光。

儿童团团长的故事

心理专家翻开一本书，给满满讲了一个感人的故事。12 岁儿童团团长海娃接受了民兵队给他安排的送鸡毛信的任务。海娃拿着放羊鞭，赶着一群羊，毫不犹豫地踏上了征程。他刚一进山谷就遇上了一群敌兵。为了鸡毛信的安全，他将其绑在了一只羊的尾巴下，就这样过了一关。海娃又经过几番曲折和跋涉，克服重重困难，最后胜利地完成任务。

与留学人员的谈话

心理专家找来几位留学回国的年轻人与满满认真地交谈。留学人员说，现在世界各国的人们都熟悉中国，喜欢中国制造。我们国家日益强大，世界各国的人们都愿意来中国，都愿意与中国企业合作，都愿意与中国进行文化交流，做一个中国人很光荣。我们青年人有责任和义务对外宣传中国，把中国的文化、历史介绍给世界各国的人们，学好英语是必需的。

通过心理专家的引导和教育，满满不再抗拒英语学习了，也不消极悲观了，更不拒绝进食了，开始自觉地背诵英语单词了。

心理专家对老师的忠告

老师要根据学生的年龄特点，主动给学生讲一些克服畏难心理的典型人物的故事，激发学生的斗志；在教学中实施快乐教学，激发学生的内在潜质；经常与同学谈心，了解学生的心理状态，因材施教。

心理专家对家长的忠告

家长不要强制孩子学什么，要善于调动孩子的学习兴趣，让孩子明白学习的道理，解决了思想问题以后，一切问题就会迎刃而解了。

心理专家对小学生的忠告

小学生要知道“一分耕耘，一分收获”的道理，世界上没有天上掉馅饼的好事；要对自己有信心，激发自己的兴趣；要有报国之志，有远大理想。

认真回忆一次，自己成功克服畏难心理的过程：

后　记

这本书的完成，得到了资深图书出版人张洪山经理的真诚帮助，得到了出版社各位编辑老师的大力支持，得益于编辑老师们的精细润笔，特此向以上编辑、老师们表示衷心的感谢。

为了帮助小学生妥善地处理好心理健康问题，提高心理健康水平，作者从小学生的日常生活中，选出了数十个有代表性的心理健康问题，通过分析、归纳、总结，讲解了解决的方法和技巧，让小学生和学生家长能直观地参照。

由于作者水平有限，书中尚有不完善的地方，特别是有些心理问题分析、解决的方法，并不是很透彻具体，希望读者批评指教。